Hof

mbach

Fichtelgebirge

ayreuth

Weiden

Oberpfälzer Wald

Naab

Waldmünchen

Regen

Großer Arber
1456 ▲

Viechtach

Bayerischer Wald

Regensburg

r

Regen

Deggendorf

Kehlheim

Straubing

n

Donau

olstadt

Hallertau

Landau

Isar

Wörth

Vilshofen

(14)

Passau

Landshut

Bad
Birnbach (13)

Rott

Freising

Eggenfelden

Inn

Isar

Erding

Mühldorf

(9)

München

Inn

Alz

Salzach

ünsing

Rosen-
heim

Gstadt

*Chiem-
see*

(12)

(11)

Holzkirchen

Prien

Bad
Reichenhall

Salzburg

1838 ▲

Wendelstein

2713 ▲

Watzmann

W0073613

Fritz Fenzl

Keltenkulte in Bayern

Fritz Fenzl

Keltenkulte in Bayern

Spurensuche an Kraftorten

nymphenburger

Besuchen Sie uns im Internet unter
www.nymphenburger-verlag.de

© 2003 nymphenburger in der F. A. Herbig
Verlagsbuchhandlung GmbH, München
Alle Rechte, auch der fotomechanischen Vervielfältigung
und des auszugsweisen Abdrucks, vorbehalten.
Schutzumschlag: Wolfgang Heinzel
Schutzumschlagmotiv: Gregor M. Schmid, München
Satz: Schaber Satz- und Datentechnik, Wels
Gesetzt aus 10,8/14,8 Punkt Sabon in PostScript
Druck und Binden: GGP Media, Pößneck
Printed in Germany
ISBN 3-485-00964-4

Inhalt

Vorwort

Die Kelten prägten die Frühgeschichte Europas. Und in Bayern weisen heute noch eine Vielzahl archäologischer Funde, Hügelgräber, keltische Ortsnamen, Keltenkreuze etc. den Weg zu den einstigen Kraftplätzen des geheimnisumwobenen Volkes. Die Kelten waren wahre Meister um das Wissen vom rechten Ort und so deuten z. B. alle bayerischen Ortsnamen, die auf -ting (Thingplatz) enden, auf einen keltischen Ursprung. Die Kelten hatten geheimnisvolle Priester und Priesterinnen, Druiden, die magische Orte zu finden wussten und dort Kulte, Zeremonien, Opfer, Heilungen vollbrachten. Diese Orte sind heute wie damals erkennbar, spürbar, im wahrsten Sinne des Wortes »geladen«.

In der keltischen Religion gab es keine Trennung zwischen Geist und Materie, zwischen Mensch, Natur, Gedankenformen. Alles war (ist!)

von allem durchdrungen. Und genau das ist an den ehemaligen Kraftplätzen der Kelten in besonderem Maße erlebbar.

So mag es auch nicht weiter verwundern, dass genau an solchen Orten heute christliche Kirchen, Kapellen, Wegkreuze, Wegsteine, Marterl zu finden sind. Die frühen christlichen Missionare (zumeist 5.–8. Jahrhundert) haben die heidnischen (das eben sind die keltischen) Kultplätze erkannt und schnellstmöglich die Energie für ihre Zwecke umgedeutet. Wer dies weiß, kann viele christliche Stätten mit anderen Augen betrachten.

Stellen Sie sich beispielsweise vor, Sie gehen irgendwo in Bayern über ein Feld, steigen einen sanften, Ihren Geist und Ihre Seele in eigenartiger Weise faszinierenden Hügel hinan, einen kleinen Zauberberg, an dessen Kuppe eine feste, alte, breitwandige Kapelle mit wuchtigen Rundbogenfenstern Sie wie magisch anzieht. Dann betreten Sie das Totenreich, den Friedhof, den Gottesacker, der das Areal der Kirche schützend umgibt. Ist es ein Zufall, dass Sie erst das Totenreich durchschreiten, um zum Licht des Altars zu gelangen? Und ist das vornehmlich christlich?

Und plötzlich steht ein altes verwittertes Kreuz an einem längst vergessenen Grab. Es ist wuchtig, steinern und massiv, die Querbalken sind gleichschenkelig, also nicht mit längerem Längsbalken und kürzerem Querbalken im oberen Drittel. Und diesem Kreuz ist ein magischer Kreis einbeschrieben, wobei die Balkenenden den Kreis an vier Punkten durchdringen: ein so genanntes Keltenkreuz.

Tritt man näher, so entdeckt man vor dem Haupteingang vielleicht einen eigenartigen Dämonenkopf oben an der Vierung des Kreuztonnengewölbes, ganz vorn im gotischen Teil der Kirche, direkt über dem Altar. Ein solcher Kopf-Kult ist rein keltisch, denn es war Sitte, die Köpfe der Feinde als Trophäen zu sammeln. Eigentlich ist es gar nicht auszudenken, was da, so klar sichtbar für den, der sehen will, in vielen christlichen Kirchen prangt!

Ähnliche Begegnungen mit der keltischen Kultur können Sie auch bei einem Waldspaziergang haben: Da, wo die Natur sich wie durch einen verborgenen Zauber für uns öffnet, da, wo der Ort einen aufzunehmen und fortzutragen scheint in eine wunderbare, vergangene und doch gegenwärtige Anderswelt, da erblicken wir plötzlich Kuppen und Hügel, ebenso von Bäumen bewachsen, allerdings mit anderer Vegetation und eigenartiger Strahlkraft: keltische Hügelgräber, die wie stumme Zeugen das Wissen einer anderen Zeit in unsere Wirklichkeit tragen.

Denn die Kenntnisse über die Kultur der Kelten entstammen besonders Grabfunden (Waffen, Schmuck, Beschläge, Geräte), zumal es keine schriftlichen Überlieferungen gibt.

Streng wissenschaftlich oder auch nur logisch betrachtet, ist es im Grunde problematisch, von der Zeit der Kelten zu sprechen, denn der in allen seriösen Werken angegebene Zeitraum umfasst zumeist bis zu 2000 Jahre. Was kann in einer solchen Zeitspanne alles geschehen! Und das selbst dann, wenn man bedenkt, dass der Lauf der Dinge keinesfalls so schnelllebig und neuigkeits-wahnsinnig war wie unsere Gegenwart.

Um die Zeit der Kelten dennoch etwas präziser zu umfassen, kann man sich die Bestattungsriten etwas näher betrachten.

• Ca. 13. Jh. bis 8. Jh. v. Chr. (Späte Bronzezeit). Man spricht bei dieser Zeitspanne auch von der Urnenfelderkultur. Tote werden eingeäschert und in Urnen begraben. Im Allgemeinen ist sich die Forschung allerdings einig, dass beide Bestattungsarten (Erd- und Feuerbestattung) gleichzeitig und gleichwertig nebeneinander existierten.

- Ende 8. Jahrhundert bis frühes 5. Jahrhundert v. Chr. (Ältere Eisenzeit).
  Es entsteht der Großteil der berühmten Grabhügelfelder, Fürstengräber und Wagengräber. Eisen wird immer mehr als Rohstoff verwendet; in seiner Bearbeitung waren die Kelten anderen Völkern weit überlegen. Man spricht auch von der Älteren Hallstattkultur.

- Spätes 5. Jahrhundert bis 1. Jahrhundert. v. Chr. Flachgräber. Man spricht nun in der Geschichtsforschung von der so genannten Latènezeit. Durch die Kelten kamen die Drehmühle (Mahlstein) und die Töpferscheibe nach Mittel- und Nordeuropa.

Wie vage alle zeitlichen Festlegungen dennoch bleiben müssen, zeigt der folgende Absatz aus einem von namhaften Forschern herausgegebenen Heimatbuch. Der Textabschnitt betrifft das

Starnberger- und Ammerseegebiet; in dieser End-
moränenregion befinden sich auffallend viele
Kraftplätze der Kelten: »Wesentlich dichter war
gerade die Umgebung des Starnberger- und Ammersees in der folgenden Hügelgräberbronzezeit
(etwa 1500–1250 v. Chr.) bevölkert. Ist man
nämlich für den Nachweis früherer Kulturen auf
spärliche Zufallsfunde angewiesen, die also keinesfalls ein lückenloses Verbreitungsgebiet auf-
zeigen, so sind nun zahlreiche Grabhügelfelder
deutlich sichtbare Zeichen jener Epoche.«

Allerdings wird darauf hingewiesen: »Ein großer Teil ist allerdings seit Jahrhunderten durch
Überackern und Abtragungen, durch Windbrüche
oder Raubgrabungen zerstört worden.« (Heimatbuch Stadt- und Landkreis Landsberg a. Lech)

Auch in dieser Region ist nachgewiesen, dass
Erdbestattungen neben Brandbestattungen gleichwertig existiert haben.

Konnte der Betreffende sich zu Lebzeiten die
Beerdigungsart aussuchen? Lag dem Totenkult
schon zu Lebzeiten eine grundsätzliche Ideologie
des »Lebens danach« zugrunde – so wie heute?

Vielleicht sind uns die Zeit der Kelten, ihr
Denken, ihre Rituale, ihr Geist viel, viel näher,
als wir zu ahnen wagen?

Keltisches Denken und keltische Spiritualität waren nicht dualistisch und in keiner Weise zeitgebunden. Man kannte weder gut und böse, weder hell noch dunkel – ebenso wenig gestern, heute, morgen.

Deswegen gab es auch keine schriftlichen Zeugnisse, um »der Zukunft« etwas zu überliefern.

Alles ist.

Und es gibt Zeit-Punkte, da sich die Kette schließt von dem, was war, ist, sein wird. Nicht umsonst beinhalten so viele Sagen, die keltisches Wissen transportieren, den Faktor der Zeitlosigkeit, erzählen vom geheimnisvollen Zeitentunnel und der Aufhebung der Zeit (z. B. Untersberg).

Da heute noch an vielen magischen Plätzen, die in diesem Buch genau beschrieben werden, neo-keltische Kulte stattfinden, sollte man die keltischen Festzeiten kennen. Sie sind zumeist von christlichen Festen (bewusst) überlagert.

Stellt man sich das Jahr als Kreis vor (Jahreskreis) und teilt man diesen mit einem Vertikal- und Horizontalstrich, so entsteht das Keltenkreuz, eine Art Kompass der vier Jahreszeiten. Auch die Kelten teilten das Jahr in die vier großen Jahreszeiten Frühjahr, Sommer, Herbst und Winter, da keltisches Denken naturverbunden war und ist.

Aus dieser Sichtweise ergeben sich die wichtigen Feste:

- Imbolc (1. Februar, auch 31. Januar)
  Zeit der Geburt und des Stillens

- Beltaine (1. Mai)
  Leuchtfeuer, Sommerbeginn

- Lughnasadh (1. August)
  Lughs Hochzeitstag; Fest der Ernte, der Opfergabe

- Samhain (1. November)
  Das ist der Tag im Jahr, an dem der so dünne Schleier zur Ahnenwelt vollends aufgehoben wird.
  (Wer viel aushält, möge an diesem Tag zur Dämmerstunde eine Hügelgräberanlage besuchen. Er kann sich jede Ahnenforschung oder Familienaufstellung sparen!)

Kelten pflegten das Fest am Vorabend zu feiern, woraus sich Verschiebungen und Unsicherheiten in der Tradition ergeben, etwa bei Imbolc, das am 31. Januar oder 1. Februar gefeiert wurde. Wir haben dies heute noch mit dem beliebten Vorabend eines großen Festes, engl. »eve«, z. B.

am Nikolaus-Abend am 5. Dezember, dessen Ursprung ein keltischer Kinderbringer und sein Schatten sind!

Die Parallelen zu unserer christlichen Gegenwart sind auffallend, z. B. Samhain, die Begegnung mit den Ahnen, das mit Allerheiligen zusammenfällt, am Vorabend von Allerseelen, dem Festtag zur Verehrung der verstorbenen Gläubigen; Imbolc (Geburt und Stillen) ist mit Weihnachten vergleichbar, dann Erntedank, Sommersonnenwende usw.

Wer die verschiedenen Keltenkultplätze dieses Buches zu verschiedenen Jahreszeiten besucht, stellt auch wechselnden kultischen Schmuck fest.

Achten Sie vorhandene Kultzeichen. Zerstören Sie nichts. Zumeist sind diese hier bewusst agierenden Menschen starke Naturverehrer und arbeiten für eine bessere und naturbelassenere Welt.

Interessant ist auch, wenn Sie in Ihrem Keltenrad der Jahreszeiten noch die Himmelsrichtungen hinzufügen, denen auch bestimmte Attribute zugeordnet werden können. Es kann eine hilfreiche Erfahrung sein, an Keltenplätzen zu meditieren und sich je nach Befindlichkeit in die entsprechende Himmelsrichtung auszurichten, um bei einem Problem klarer zu sehen oder Transformation und Heilung zu erfahren.

- Osten
Frühling, Luft, Leben, Erneuerung, kreativer Durchbruch (Ostern).

- Süden
Feuer, Sommer, Sonne.

- Westen
Wasser, Fische, Fruchtbarkeit.

- Norden
Winter, Kristall, Klarheit, Mineral, Einsicht, Erde, Erdung.

Keltische Kraftorte und Kultstätten sind wahre Überlebensplätze. Da, wo einst die wissenden Vorfahren ihre Stätten, Wälle, Grabfelder zu errichten wussten, da passierte und passiert nie etwas im Sinne von Unfällen oder Katastrophen. Damals und heute nicht. Weder in Kriegen noch bei Naturkatastrophen, wie etwa einem Jahrhunderthochwasser. Die keltischen Seher wussten um den Ort – sie waren weitblickend.

Keltenkultplätze sind sichere Orte, Überlebensplätze! Dort ist der Suchende vor Katastrophen, seien diese natürlicher oder menschlicher Herkunft, geschützt.

Begehen Sie die Kultplätze – und auch Sie werden sehen. Sehen im eigentlichen Sinn, Gesichte haben, erkennen, Einsicht gewinnen und Sicherheit finden in allen Belangen des Lebens.

1

Der Felsenweg am Kochelsee

*Kultplatz der Seherinnen und
keltischer Rundtempel*

Die Sage kündet von drei Seherinnen, die geheimnisvolle Schnüre spannen konnten und auf diese Weise zu bestimmten Zeiten des Jahres und in hellen Vollmondnächten vom jetzigen Schlehdorf aus zu einer sagenumwobenen »hoch aufragenden Kanzel« über dem Kochelsee stiegen oder emporschwebten. Das Motiv der drei Seherinnen begegnet uns oft, wenn es um solche ausgewiesenen Stätten ehemaliger keltischer Kulte geht, weil sich dahinter verloren gegangene, naturgebundene Heilungsvorgänge oder geheimes Heilungswissen weiser Ahnfrauen verbergen.

Die geheimnisumwitterte Kanzel ragt wie ein Schiffsbug hoch über dem nördlichen Steilufer des Kochelsees in den Himmel und in unmittelbarer Nähe finden sich geheime Schriftzeichen im Felsen eingraviert …

Wir parken mit dem Wagen in der Nähe von Kloster Schlehdorf, ganz in der Nähe des Fischerwirts. Unser Weg führt allerdings nicht zum östlichen Seeufer, das durch wunderbare Binsenlandschaften und Uferstrecken mit liebevoll platzierten Holzbänken zum sinnenden Verweilen einlädt und vor allem durch mystischen Weidenbewuchs auffällt. Sondern wir umwandern das Ufer auf einem wunderschönen Spazierweg bis zum Beginn des Felsenpfades am so genannten Kalkofenraut. Dieser Weg ist wunderbar erdend, da die Gegend von hohem Grundwasser getränkt wird, mit Binsen und Weiden bewachsen ist, zwischen denen filigrane Birkenstämme emporragen. Wer sich den Fußweg sparen will, kann das östliche Seeufer mit dem Auto umfahren und dann am Kalkofenraut einen kleinen Parkplatz finden.

Der Felsenweg gibt dem Wanderer von Anfang an ein Gespür dafür, auf einem Wunderweg, einem Einweihungspfad zu sein. Die Gefühle und aufkommenden Gedankenformen gehen über das, was ein Spaziergang sonst bieten kann, weit hinaus.

Zu Beginn des Felsenpfades befindet sich eine kunstvoll gestaltete Quelle, die in zwei Brunnentröge gefasst wurde: der eine als naturbelassener Felsen, der andere mit den magischen Motiven von Fisch und Salamander.

Auf dem Felsenweg geht es auf und ab, sind wir einmal direkt neben dem klaren Wasserspiegel des Kochelsees, so finden wir uns bald in schwindelnder Höhe wieder, wo unter uns der Felsen senkrecht ins Wasser ragt.

In der Felsenwand, in die der Weg geschlagen ist, befinden sich immer wieder Naturhöhlen, in denen liebliche Madonnen oder andere religiöse Motive zu sehen sind.

Rechts auf einer Hanghöhe ragt dann plötzlich ein wuchtiger Felsendolmen, der wirklich an einen klassischen Hinkelstein erinnert, jäh in die Höhe, ein richtiger Kultstein mit aufladender, positiver Energie.

Wir finden dann bald auch die Felsenkanzel der Sage von den drei Seherinnen, die hier ihre geheimnisvollen Schnüre gespannt haben. Heute befindet sich auf der naturgegebenen und zudem ausgebauten Aussichtsplattform ein großes Kreuz mit Christusfigur. Der Blick des Gekreuzigten nach oben signalisiert: »Ich bin beim Vater«, und: »Dies hier ist ein Himmelstor«, ein nach oben ziehender, mit dem Himmel verbundener Platz mit positiver Energie zum Aufladen der seelischen Batterien.

Etwa hundert Meter nach der Naturkanzel findet man Gravuren in der Felswand. Eigenartigerweise entdeckt man sie zumeist erst beim Zurückgehen, da die entscheidende Seite des Felsens nur von einer Seite her sichtbar ist. Zufall? Auf alle Fälle sollten Sie achtsam sein, damit Sie nicht daran vorbeigehen. Neben den Zahlen 1688 und 1801 sieht man eigenartige Kultzeichen, die auf geheime Gruppierungen schließen lassen. Halten Sie hier einen Moment inne und spüren Sie die Energie des Platzes. Hören Sie auf Ihre innere Stimme und versuchen Sie, im Sinne der Kelten ganz da zu sein.

Auf dem Weiterweg steigt die aufladende Energie zusehends, wir beobachten rechts in der uns begleitenden Hügelkette mit Waldbewuchs, die der Fels immer wieder freigibt, eine wunderbare keltische Birg (Fliehburg? Vermutlich eine Kultanlage). Ein überdachter Treffpunkt unter einer Baumwurzel zeigt, dass der Ort heute noch erkannt und genutzt wird.

Die Kraft ist linksdrehend und nimmt ständig zu, denn wir nähern uns dem Ende des Einweihungspfades, kommen auf eine weite ausladende Wiese, die sich unter dem hoch aufragenden

Walchensee-Kraftwerk bis zum See hinzieht. Vor der etwa zweihundert Meter hohen Gebirgswand, die den Walchensee vor unseren Augen versteckt, versuche ich, mir die gigantischen Wassermassen vorzustellen und spüre deren Energie und Macht. Unweigerlich kommt mir da die Sage vom Walchensee-Ungeheuer in den Sinn, einem überdimensionalen Waller (= Walchen), der sich in den eigenen Schwanz beißt. Wenn das Urtier geärgert wird, lässt es den Schwanz los, die Naturgebirgsdämme brechen und das Wasser überschwemmt das Oberland bis München.

Genau an diesem Platz, an dem die Kraft der Natur so spürbar und das Leben des Menschen so verletzbar erscheint, befindet sich ein weiterer Hinweis auf die keltische Kultur. Vor einer Brücke, die zur Wiese führt und einen klaren, kalten Gebirgsbach überbrückt, entdecken wir links ein einzelnes, hohes Hügelgrab. Da es geöffnet ist, also kraterförmig, sind an der südlichen Innenwand des Rundkraters gemauerte Reste zu sehen. Es handelt sich mit großer Wahrscheinlichkeit um das Grab eines Sehers oder einer Seherin. In der Mitte des Bodens fand ich bei einem Besuch eine massive Rundholzbohle, in die runenähnliche Kultzeichen eingeschnitten sind. Ein Kröte bewachte den Ort sorgfältig und beobachtete mich genau, während ich die sehr erdende Energie in der Mulde wahrnahm. Nach Osten hin bildet der aufragende Rundwall des Hügelgrabes ein kleines Steilufer zu dem vorbeifließenden, die Energien ständig reinigenden und erneuernden Gebirgsbach. Und wie zum Schutz stehen mächtige Birken da.

Dieses Hügelgrab ist ein wunderbarer Platz, um alte und neue Gedanken zu ordnen, kreativ zu denken und Neues zu finden.

Auffällig ist, dass dieser Krater, der zum Teil von der Natur vorgegeben, zum Teil von Menschenhand gestaltet ist, einzeln steht. Geht man unter dem imposanten Walchensee-Kraftwerk vorbei (man hört weithin das mächtige Dröhnen der Turbinen, die aus den gigantischen Fallrohren gespeist werden), dann gelangt man über eine Wiese und eine zweite Brücke, die über den Kraftwerkausfluss-Kanal führt, und an einer Anlegestelle vorbei bis zu einer kleinen Kapelle und einem Kulthügel, der allerdings sorgfältig von Zäunen umgeben ist.

Seit dem Ende des Felsenpfades befinden wir uns inmitten einer geheimnisvollen und sagenumwitterten Birg, einer keltischen Wallanlage, die sich auch jetzt noch in den Hügeln links von uns, also dem See abgewandt, über das Areal erstreckt.

Die völlig widersprüchlichen Aussagen der Anlieger machen deutlich, wie spärlich das Realwissen um die keltische Kultanlage ist.

Die geschichtliche Einordnung ist sehr schwer, auch die Experten wissen nicht viel Genaues. Teils wird von einer Fliehburg gesprochen, die bis zu 3200 Jahre alt sein soll, also etwa 1200 v. Chr. zu datieren wäre. Zeitlich fiele sie damit in die Urnenfelderkultur, bei der die Toten nicht in großen Hügeln bestattet worden sind, sondern verbrannt oder in großen Tonurnen beigesetzt werden. – Wie erklärt sich dann jedoch das auffällig große, gut platzierte Hügelgrab?

So oder so. Diese Birganlage entstand wohl zur Völkerwanderungszeit um 1200 v. Chr.

Sie zu erschließen, bedarf es heute der Fantasie, des spärlichen archäologischen Wissens und vor allem der Intuition. Viel wichtiger ist, dass das, was an dieser Stelle vor Zeiten gedacht wurde, noch immer da ist. Wenn Sie sich auf den Ort einlassen, wird er in Ihnen neue Räume öffnen. Viel Vergnügen.

Ausgangspunkt: Entweder Parkplatz beim Fischerwirt (längerer Weg bis zum Felsenpfad) oder mit dem Auto bis zum kleinen Parkplatz nach der Kalkofenraut (siehe Beschreibung im Text). Hier gleich Beginn des Felsenpfades nach kleiner Wiesenquerung.

Länge: Ab Felsenweg ca. 1 Kilometer, der Weg wirkt durch das Auf und Ab der Felsentrasse wesentlich länger. Bei vielem Verweilen und Erspüren der Birgstätten gut 3 Stunden vornehmen.

Anstieg: Mehrmals ca. 30–40 Meter.

Einkehr: Mehrere Gaststätten vor dem ersten Parkplatz, z. B. Fischerwirt.

Anfahrt: Ab München Autobahn Garmisch, nach Ausfahrt Sindelsdorf Ausfahrt Kochel am See. Dann durch Großweil, Unterau nach Schlehdorf. Parkplatz direkt am See vor der Wirtschaft.

2

Hügelgräber in der Nähe von Münsing

Harmonisierende Kraft
inmitten des keltischen Totenreiches

Schon wenn wir die Autobahn München – Garmisch bei Münsing verlassen, nimmt uns der Zauber der Degerndorfer Höhe in Beschlag. Kein Wunder: Auf diesem die Sinne augenblicklich nach oben hebenden Areal, hoch über dem Ostufer des Starnberger Sees gelegen, ballen sich ausgewiesene Wunderorte, Gnadenstätten, Thingplätze …

Um die Hügelgräber beim Buchsee in der Nähe von Münsing zu erreichen, biegen wir gleich nach der Autobahnausfahrt Münsing in sanfter Schwingung rechts ab und erblicken den einsam dastehenden Lindenbaum, der zur Linken die erste Höhenkuppe ziert. Dann fahren wir weiter bis Münsing und dann rechts ab Richtung Buchsee/Höhenrain. Gleich beim Ortsausgang von Münsing verrät die Sprache der sanft hügeligen, so typisch oberbayerisch geschwungenen Landschaft bereits, auf welche Kräfte wir uns einzustimmen haben: uralte Erdenergie, Druidenwissen um den wahren Ort.

Nach vier Kilometern, etwa auf der halben Strecke nach Höhenrain, macht die Straße einen scharfen Rechtsknick, wir fahren jedoch geradeaus direkt in den Wald hinein, der sich vor uns auftut.

Und sofort nimmt uns die Magie des keltischen Totenreiches gefangen. Die Energie, die uns hier umgibt, ist keinesfalls beängstigend oder bedrohlich, sondern ausgesprochen Leben spendend. Lieblich bahnen sich Sonnenstrahlen den Weg durch die hohen Fichten und tauchen einzelne Hügelgräber mystisch in verklärendes Licht.

Immer wieder sagen mir Bekannte, die ich hierher führe: »So oft bin ich hier schon vorbeigefahren, nach einem schönen Badetag. Ich wusste all die Jahre nicht, dass gleich neben der Straße so ein ausgewiesenes Grabhügelfeld versteckt liegt!«

Gleich das erste Grab zur Rechten ist ein ganz besonderes: das Grab des Druiden, des Sehers. Ein Steinkreis davor verrät die Spuren geheimer Rituale, die auch heute noch stattfinden.

Einige der Gräber blieben bis heute geschlossen, andere wurden zumeist zu Beginn des 20. Jh.

geplündert und weisen daher die typische Trich-
terform auf. Immer wenn ich zwischen den Gräbern den weichen Waldboden unter den Schuh-
sohlen spüre, fällt mir die heilende, wohltuende
Energie auf, die sich zwischen den magisch im
hohen lichten Wald erhebenden Grabhügeln auf-
baut und vom Boden her kommend in den Körper und in den Geist strömt.

Der Ort hat nichts Unheimliches, was Grab-
feldern oder Friedhöfen oft nachgesagt wird.

Für die Kelten gab es keine Trennung von
Geist und Materie, von Leben und Tod in unserem Sinn des gelebten Dualismus. Vielmehr war
alles von allem durchdrungen. Und genau das
spürt man auch noch heute hier. Alles ist schon
da, was wichtig und denkbar ist, wir müssen uns
nur »hineindenken«. Und das geht eben nur am
rechten Ort. Und natürlich zur rechten Zeit.

Oft werde ich gefragt, wie wir als Christen
mit diesen wohltuenden und heilenden Energien
umgehen sollen, die ja schon vorher da waren.
Meiner Meinung nach ohne irgendwelche Be-
denken. Gott schuf alles, wortwörtlich das All
und die Erde mitsamt den Kraftplätzen. Heilende Energie gibt es überall umsonst. Heilung,
positive Gedanken, natürlich bedingte Euphorie

sind göttlich, weil natürlich. Letztlich geht es hier immer um nichts weniger als das Ernstnehmen der Naturkräfte und deren Macht. Und nicht alles kann in die Denkformen gepresst werden, die uns bekannt sind und vorgesetzt oder erlaubt werden.

Das Hügelgräberfeld durchschreitet man am besten im Uhrzeigersinn. Die Verbindung der auffälligsten Hügelgräber ergibt fünf Punkte, die kreisförmig um einen Mittelpunkt, der ebenfalls ein Grabhügel ist, liegen. Verbindet man also die Gräber mit gedachten Linien zueinander, so ergibt sich das Pentagramm, der Dru(i)denfuß mit einem Zentrum.

Der Hauptteil des Hügelgräberfeldes wird in Dreiecksform von Waldwegen eingegrenzt – also ein Fünfzack im Dreieck mit Mittelpunkt.

Die Bedeutung der Gräber ist von alters her bekannt, lange hat jedoch eine religiöse und spirituelle Scheu die Menschen vor dem Öffnen der Totenhäuser zurückgehalten. Erst Ende des neunzehnten und zu Beginn des zwanzigsten Jahrhunderts begannen die Plünderungen und Zerstörungen.

Was von so genannten Schatzsuchern nicht gestohlen wurde, ist heute in der Prähistorischen

Staatssammlung und im Nationalmuseum in München zu sehen.

Ebenso die Grabbeigaben wie Urnen, Schalen, Fibeln, Spangen (später Eisengerät), bronzene Sonnenscheiben, Wagenräder, Sonnenwagen ...

Blätterdach und Wurzelwerk der Bäume halfen, die Gräber bis heute zu erhalten. Vor allem im Moränenland und auf Schotterflächen sind die magischen Hügel deutlich aufragend zu sehen. Bevorzugt in der Gegend um den Starnberger See und Ammersee und in der Würmgegend. Die keltischen Hügelgräber sind Orte, an denen unser dualistisches Denken durchbrochen werden kann. Wem es gelingt, sich ganz auf den Ort einzulassen, wird interessante Erfahrungen machen.

Ausgangspunkt: Die Rechtskurve der Anfahrtsstraße Richtung Höhenrain, hier einfach geradeaus in den Wald.
Länge: Einige hundert Meter, bei intensivem Rundgang etwa ein Kilometer.
Anstieg: Keiner.
Einkehr: Alter Wirt (Großmann) in Münsing. Hier auch viele Auskünfte.
Anfahrt: Ab München Autobahn Garmisch, Ausfahrt Münsing, in Münsing erste Ampel rechts Richtung Buchsee/Höhenrain, dann etwa vier Kilometer bis zu der auffälligen Rechtskurve.

3

Der Thingplatz bei Ambach

Ein keltischer Wouivre,
ein Schlangenpfad der Kraft

Zu den wahren Geheimtipps der Freunde starker energetischer Orte und Plätze gehört die kleine Kapelle auf einem Krafthügel der Degerndorfer Höhe, das so genannte Degerndorfer Kircherl. Hier geschahen und geschehen Wunder. Von dieser optisch recht ansprechenden und harmonisch im Ensemble der Moränenlandschaft gelegenen Kapelle führt eine Kraftlinie direkt in westlicher Richtung zur Anhöhe mit der Holzhausener Kirche. Dort stand bis vor wenigen Jahren eine legendäre tausendjährige Linde, deren Wunderkraft gerühmt wurde. Am 5. Juli 1996 riss ein gewaltiger Orkan diese altehrwürdige Linde mitsamt dem imposanten Wurzelwerk aus dem Schoß der bergenden Erde und fällte den hölzernen Kraftspender jäh, allerdings: eine kleine Madonna, die viele Jahre zuvor in eine Höhlung des Stammes gestellt war, blieb wunderbar heil. Heute ist dem liebenswerten Madonnchen wiederum eine eigene (Wunder-)Kapelle errichtet, die ebenso viele Pilger magisch anzieht und in den Bann schlägt wie weiland die Linde ... aus deren gefälltem Stamm längst wieder neues Leben sprießt und dem Licht entgegenwächst ... wie könnte es an Wunderorten anders sein!

Da diese beiden Kraftplätze und auch die damit zusammenhängenden Legenden in meinen anderen Büchern genau beschrieben und erklärt sind, will ich mich nicht wiederholen. Doch ist es für den keltisch-magischen Ort, den wir nun besuchen, von großem Belang, dass sowohl Wunder- als auch Marienkräfte in unmittelbarer Nähe walten!

Immer wieder ist mir bei Spaziergängen rund um Degerndorf und Münsing das unweit gelegene erstklassige Schlosshotel Oberambach samt magischer Umgebung empfohlen worden. Der Hügel, der das Schlosshotel trägt, ist ein typisch keltischer »Berg des Lebens«, der von fünf (!) Alleen sternförmig zum Fokus eines einzigartigen Kraftortes mit stark rituell geladener Vergangenheit gekrönt wird.

Meiner Erfahrung nach ist ein ganz eigenartiger und sehr deutlich spürbarer Schutzbann um den gesamten Berg gelegt, der auch mich über Jahre davon abhielt, den Ort zu betreten.

Als ich es dann schließlich tat, erlebte ich sehr bewusst die magische Wirkung dieses Terrains. Vom Schlosshotel aus gibt es viele Wege, die gegangen werden dürfen und sollen. Wählen wir eine der fünf Alleen, nämlich jene, die in gerader Linie nach Norden führt, direkt hin zu dem Hügel mit der tausendjährigen Linde.

Ich hatte das Glück, mit den Besitzern des Hotels und damit den Eignern des weitläufigen Waldgebietes ringsum bekannt zu werden und konnte so erfahren, dass, vom Hotel aus gesehen zur Linken des Holzhauser Hügels, ein ausgewiesener Keltenhügel zu finden ist. Tatsächlich herrscht dort eine enorme linksdrehende und Schwindel erregende Kraft, die für einen unvorbereiteten Besucher sogar belastend werden kann.

Betritt man dann das kleine Wäldchen, das für die Besucher der Holzhauser Kirche auch einen versteckten Parkplatz birgt, dann erkennt man leicht: Druidenland!

Schwerer, stets von hohem Grundwasser und von Quellen getränkter Boden trägt die Schritte des interessierten suchenden Ankommenden. Immer heißt es beim Erkunden magischer Orte den Blick zu schärfen: Das lohnt immer, zumal hier, denn bald finden sich deutliche Spuren naturverehrender Rituale, wie die bekannten flatternden Wunschbänder an den im Wind sich wiegenden Weiden und an Bäumen, die sich vor der Kraft des Bodens geradezu wegzudrehen scheinen.

Pflanzen und damit auch Bäume erkennen die Strahlung des Bodens genau. Bei drehender Energie, die sich aus der Erde heraus nach oben fortsetzt, ergeben sich die für magische Orte typischen gewundenen Baumstämme, die im Extremfalle mehrfach um die eigene Vertikalachse gedreht wachsen. Auch beugen sich Bäume von zu starken Erdstrahlen weg, selbst wenn sie dann nicht der Hauptsonnenrichtung entgegenwachsen dürfen. Solches ist hier auffallend häufig zu sehen.

Nach dem Erleben der Erdkraft können wir nun die dem heiligen Johannes geweihte Kirche von Holzhausen besichtigen, die Energie ist im Altarraum, ganz genau links vom Altar, belastend stark. Der Friedhof hat es auch in sich: Vor allem der nordöstliche Teil bewirkt bei jedem

Besuch das Kribbeln in den Fußsohlen. Das ist nicht weiter verwunderlich, denn unter uns kreuzen sich zwei starke energetische Linien, vermutlich läuft auch eine Wasserader tief unten, was bei Friedhöfen recht selten ist.

Diese Energie beherrscht die gesamte Nordsüd-Achse, zurück bis zum Schloss. Und uns wird klar: Die fünf sternförmigen Alleen sind sichtbarer Ausdruck der hier zum Tempel (Haupthaus des Schlosshotels) hinführenden Drachenlinien, die sich genau im südlichen Terrassensaal des heutigen Tagungsgebäudes kreuzen.

Im Jahre 1869 wurde dieses Areal von dem königlichen Kämmerer Franz Freiherr von Lobkowitz erworben. Der Zentralbau des Anwesens, heute noch deutlich zu erkennen, ist ein typischer Herrensitz und man spürt, dass sich hier Menschen getroffen haben (und treffen), die neben der Oberfläche des Luxus und der hinreißenden Schönheit der Umgebung die Schwingung des Platzes zu nutzen wissen. 1996 ist das Haus von der Familie Schwabe zum Seminarhotel in der jetzigen Form ausgebaut worden.

Gehen wir nun die parallel zum Seeufer verlaufende Nordsüdachse, die uns zu den verdrehten Bäumen geführt hat, zurück und vom Hotel selbst, also dem Schnittpunkt der Kraft, nach Osten. Nach den fünf Eichen, die den Weg beschließen, wenden wir uns folgerichtig nach links. Wieder wird eine deutlich sichtbare Kraftlinie, in dem Falle eine schlangenförmig gewundene Allee, spürbar, die als Auffahrtsstraße dient.

Wir verlassen den Weg quer über eine hoch energetische Wiese und treten, gleich nach dem Gedenkstein am Waldesrand, in das dichte Grün hoher Tannen und Eichen.

Hinter einer idyllisch gelegenen Bank auf der kleinen Waldesrand-Anhöhe, die zugleich Wasserschloss ist, findet sich an besonderer Stelle des Waldes, wo die Stämme in einiger Entfernung zueinander stehen, der mit langem Holzgeflecht deutlich markierte Ritualkreis, der auch gut drei Meter an Durchmesser aufweist. So deutlich ist eine Kultstelle an altem Keltenplatz selten zu finden. Stellen wir uns ins Innere dieses von Kraftortkennern gebildeten magischen Zirkels und laden wir uns auf. Die Energie ist fast unheimlich.

Ein Gebet zum Schöpfergott ist immer ideal, damit uns nicht fremde Wesen, die wir nicht kennen und einschätzen können, an solcher Stelle besetzen.

Ich selbst finde in Naturtempeln besonders schnell den Zugang zu diesem wunderbaren Gott, der uns das Leben und die Leben spendende Natur geschenkt hat. Deshalb scheint mir die Bezeichnung Naturdom sehr treffend für solche besonderen Plätze.

Von jedem manipulativen Tun an solchen Ritualstellen sollte man allerdings absehen. Die Orte nehmen einen mit!

Man muss solche Orte nicht krampfhaft christianisieren, was oft genug geschehen ist. Doch wenn Sie gerade an heidnischen Stellen zum Schöpfergott der biblischen Genesis beten, werden positive Energien gestärkt und Wandlung möglich.

Gehen wir zurück zum Schloss. Wer sich für den genauen Schnittpunkt der Kraftlinien interessiert: Er liegt knapp neben der Südwestecke des Hauses und wird deutlich gekennzeichnet durch einen polygonalen Turm mit flacher Zwiebelhaube.

Machen Sie dann noch einen Abstecher in den westlich gelegenen Schlossgarten: eine traumschöne Anlage, die von wissenden Gärtnern gestaltet und gepflegt wird. Mit dem Rundbrunnen und dem eigenartigen Freigrab, einer Grabstätte also, die sich außerhalb des Friedhofes befindet, ist dieser Garten ein Platz der Einweihung. Auf der Rückseite des alten Grabsteins der Freifrau aus dem Hause Lobkowitz zeichnet sich deutlich eine weiße Frau ab. Die hier beerdigte Adelige?

Wir spazieren hier geradewegs auf einer Wasserader (nennen wir es Marienwasser, dieser Ausdruck drängt sich mir immer wieder auf, nicht zuletzt wegen der Degerndorfer und der Holzkirchener Madonna). Nach dem munter plätschernden Brunnen inmitten dieses Denkgartens gehen wir noch ein Stück hangabwärts, dorthin, wo ein wuchtiger Kreis aus uralten Bäumen den magischen Ort abzirkelt.

Dort stellen wir uns hin, atmen, spüren und genießen. Allerdings nicht zu lange. Denn die hier waltende Kraft ist im wahrsten Sinne unbändig.

In der Fachliteratur über keltisches Urwissen sind solche Wege »Wouivre« genannt, Schlangenpfade der Kraft, Linien, auf denen unterirdisch tellurische Ströme gleiten, die auch oberirdisch wahrnehmbar sind.

Wer hier im magischen Terrain meditieren und Kraft tanken will, sollte alle fünf Alleen abgehen. Jeder findet seinen Platz.

»Es gibt Stätten, wo der Geist weht«, hat ein Eingeweihter einmal gesagt. Hier, an solchem Ort, sei eine Überlegung über die unter der Erde liegenden »tellurischen« Ströme erlaubt.

Wer sich mit der Geschichte der Kelten, soweit diese überhaupt nachvollziehbar ist, da nichts aufgeschrieben wurde, befasst, der weiß, dass keltische Eingeweihte mächtige, große Steine am richtigen Punkt der Landschaft aufstellten, so genannte Menhire, die auch als Hinkelsteine zu launiger Bekanntheit kamen. Wissende Druiden veranlassten dies, um die erkannte Kraft der Erde, das Dahinschlängeln der Magnetkraft, zu pfählen, erkenntlich zu machen, zu verstärken, wie immer man es sehen will.

In unserer Zivilisation der letzten Jahrhunderte wäre das Erstellen von Steinen an der richtigen Stelle nicht verstanden, wahrscheinlich sogar lächerlich gemacht worden.

Doch die Wissenden sind einfallsreich. Heute stehen Ecktürme alter Herrschaftsvillen, zumeist jedoch Kirchtürme an solchen sprudelnden Quellen der Erdkraft ... oder mächtige Bäume, denn auch die Natur tut das Richtige. Wer sonst sollte Bescheid wissen über die Kraft des Kosmos, wenn nicht die Natur selbst?

»Es gibt Erdströme, die aus der Bewegung unterirdischer Wasser hervorgehen, andere, die dadurch entstehen, dass Spalten im Erdreich Schichten von verschiedener Beschaffenheit in Berührung gebracht haben, die bei Temperaturschwankungen Spannungsunterschiede zeigen; wieder andere kommen aus dem flüssigen Erdinneren«, sagt Louis Charpentier in seinem Buch »Die Geheimnisse der Kathedrale von Chartres«.

Viel gäbe es hier bei den fünf Alleen noch zu sagen, z. B. über das keltische Geheimnis der Richtung und der Kommunikation von Orten zueinander. Hier: Degerndorf, Holzhausen, auch die Hügelgräber vom Buchsee (siehe Seite 29).

Immer klarer wird mir bei meinen Recherchen jedoch, weshalb die Kelten nichts Schriftliches hinterließen; sie wollten wohl, dass die dem Ort einbeschriebene Weisheit sich zeitlos den Auserwählten mitteilt, die bereit und reif dafür sind. Was für eine fantastische Pädagogik!

Ausgangspunkt: Vor dem gedrungenen Rundturm mit der Zwiebelhaube des Schlosshotels Oberambach (Kraftzentrum).
Länge: Mehrere Kilometer, falls wir alle Alleen ausprobieren. Bei der beschriebenen Tour etwa 2 Kilometer.

Anstieg: Nur kleinere Höhen (ca. 20 Meter) sind bei den einzelnen Keltenhügeln immer wieder zu begehen.

Einkehr: Das Hotel selbst hat eine ausgezeichnete Küche, alles naturbelassen und große Auswahl für Vegetarier.

Anfahrt: Ab München Autobahn Garmisch, Ausfahrt Münsing. In Münsing Hauptkreuzung links Richtung Ambach, also genau nach Süden. In Holzhausen weiterfahren: Bei der Abzweigung rechts »Wiedemann-Kliniken« etwa 1 Kilometer weiter, dann scharf nach rechts zum Schlosshotel Oberambach.

4

Die Doppelschanze von Holzhausen

Sender und Empfänger
kosmischer Energie

Von der Satellitentechnik weiß man, dass Impulse in großer Geschwindigkeit zu dem im schwerelosen Raum kreisenden Astra, oder wie jeweils der Name des fliegenden Empfängers sein mag, gejagt werden und in Sekundenbruchteilen wieder zum Sender auf der Erde zurückkommen. Aus den kleinen Differenzen zwischen abgeschicktem und ankommendem Impuls lässt sich für den Fachmann nicht nur viel Wissenswertes schließen, sondern auch manipulativ eingreifen! So zumindest hat ein Experte aus einer der großen Sendeanlagen des Freistaates den recht komplexen Tatbestand erklärt.

Ähnlich verhält es sich bei den Sendeanlagen mit tellurischer Energie, den Keltenschanzen. Vielleicht verbirgt sich die Antwort auf die Frage, warum in Holzhausen, im Landkreis Wolfratshausen, die beiden Schanzen in so geringer

Entfernung zueinander stehen und nur geringfügig parallelverschoben sind, in der Tatsache, dass sie als Sender und Empfänger kosmischer Energie genutzt wurden.

Wir können, wenn genug Zeit ist, die Holzhausen-Besichtigung mit der Birg bei Schäftlarn (einer gigantischen keltischen Wallanlage) oder der hoch energetischen kleinen Kapelle von Zell bei Neufahrn beginnen. Beide Orte habe ich bereits in anderen Kraftort-Büchern beschrieben und sie sind begehrte Wallfahrtsziele für Kraftortbesucher.

Fahren wir also ab Schäftlarn über Deining oder über Kleindingharting nach Holzhausen. Wer über Deining fährt, sollte den kleinen Abstecher Richtung Egertshausen nicht versäumen. Knapp vor Egertshausen geht es rechts einen Berg hinan, und der Kundige spürt, dass die Senderenergie beängstigend zunimmt. Bald sehen wir ein Schild: Sperrgelände. Militärische Anlagen. Zufall? Zumindest geht uns die Frage von Sender und Empfänger nicht aus dem Kopf …

In Holzhausen angekommen, ist es gar nicht so leicht, die Schanzen zu finden. Fahren Sie durch den Ort Richtung Eulenschwang-Endlhausen. Dann, direkt beim Ortsausgang, ist die

Sender-Schanze gleich links inmitten einer weiten Wiesenfläche erbaut. Sie müssen genau hinsehen, denn dieses Kraftaggregat unserer Ahnen sieht zunächst nur nach einer dicht gewachsenen Baumgruppe aus.

Vor allem die Nordseite dräut drohend, mit vielen dunklen Bäumen gesäumt. Nach Süden hin öffnet sich das obligatorische Tor. Im Südwesten steht eine besonders dichte Baumgruppe mit recht positiver Energie, denn hier sah ich beim Besuch Kinder spielen und herzerfrischend lachen. Die bedeutendste Ritualstelle der Schanze ist im südwestlichen Bereich unter (!) der Innenfläche des Schanzenbodens.

Diese Bauwerke sind von Druiden geplant und all die dafür erwählten Orte liegen stets auf Kraftlinien oder Schnittpunkten von Drachenpfaden oder Schlangenlinien. All diese Plätze wurden also beizeiten von wissenden Magiern ausgesucht.

Seit den berühmten Grabungen ab dem Jahre 1957 wissen wir, dass solche Anlagen wie die Holzhauser Schanze reine und nur zu diesem Zwecke geplante »Kultmaschinen« sind: Sie dienen zum Bündeln der Erdenergien, ziehen mit Macht Kraft aus der Erde und zugleich aus den oberen Bereichen, vom Weltall. Diese umwerfende Energie ist bis heute ungebrochen spürbar, wenn nicht sogar verstärkt, durch die zahllosen Sendemasten der Neuzeit.

In der Nordostecke der Schanze stand ein holzhausähnlicher Kulttempel. Was hier geschah, wissen wir nicht, können es aber spüren. Als Maße ergeben sich für das gesamte Bauwerk neunzig mal fünfundachtzig Meter, also annähernd die Quadratform.

Es gibt drei Opferschächte, einer mit sechs Meter, ein anderer mit achtzehn, der dritte mit sechsunddreißig Meter Tiefe, der sich rechts vom südlichen Eingangstor befindet. Hier sollten Sie sehr vorsichtig sein, denn derart erzwungene Energie lässt sich für Sendezwecke nutzen und nur mit viel Übung positiv umpolen.

Gehen wir zu Reinigungszwecken in südöstlicher Richtung, eine wunderschöne Anhöhe hinauf. Hier ist die Energie sehr beruhigend; auf einem lieblichen Hügelchen steht eine wahre Zauberkastanie mit lindernder, wahrhaft heiliger und stark linksdrehender Energie.

Die »Gegenschanze« zu der beschriebenen befindet sich im Südosten, gleich auf der anderen Straßenseite. Diese Kultanlage besitzt im Süden einen schwingungsverstärkenden Doppelwall, fängt all die nach oben geschickte Energie der Hauptschanze wie aus einem Astra-Sender wieder auf und transformiert sie im Sinne dessen, der, modern gesprochen, den richtigen Sender einstellt. Ein faszinierendes Spiel, das von den wenigen Wissenden geschickt genutzt wird.

Ausgangspunkt: Holzhausen, nach der Ortsausfahrt Richtung Eulenschwang die Keltenschanze links von der Straße.
Länge: Insgesamt ca. 1 Kilometer, beide Schanzen und Umgebung.
Anstieg: Keiner.
Einkehr: Im Nahen Deining am Weiher, dazu viele Gasthäuser in umliegenden Orten.
Anfahrt: München A 95 Richtung Starnberg/Garmisch, beim Autobahndreieck Starnberg links Richtung Münsing, Ausfahrt Schäftlarn, ab Schäftlarn über Deining und Kleindingharting nach Holzhausen.

5

Die Hügelgräber in der Nähe von Buchendorf

Das heilende Wissen von der Allgegenwart der Ahnen

Wer über Andechs Richtung Leutstetten fährt, gelangt bald in ein kleines hoch energetisches Strahlenfeld im Würmtal. Dort, nordöstlich der Bahnstation Mühltal, findet sich ein großes keltisches Grabhügelfeld, das von alters her »Herrgottsruh« genannt wird, wo sich das berühmte Grab der Seherin befindet. Diese Seherin war eine außergewöhnliche Druidin, deren Wirken und Funktion von Julius Naue frühzeitig erkannt und beschrieben wurde.

Die Begriffe Seherin, Druidin, Hexe, Zauberin, Heilerin lassen sich nur schwer voneinander abgrenzen. Betrachtet man beispielsweise die Sage von den drei Jungfrauen im Wald bei Leutstetten, nämlich Wilbet, Ambet und Firbet, zu denen Hilfe suchende Frauen kamen und sich heilen ließen, unter diesem Aspekt, wird klar, dass es keine Trennung gibt zwischen heiligen Frauen und Druidinnen, die ihr Wissen zum Wohle der Menschen nutzten. Die drei der Frauenheilkunde so mächtigen Helferinnen (die dreifache Göttin ist ein altes keltisches Symbol) sollen der Sage nach hier im Wald eine Hütte mit drei Eingängen bewohnt haben. Bisweilen wird auch von drei Hütten berichtet. Und dort wirkten sie heilend.

Diese drei Schicksalsschwestern sind heute noch als Tafelmalerei in der Kirche von Leutstetten zu sehen.

Die keltischen Priesterinnen waren sehend und wissend, lebten im Einklang mit der Natur, bezogen Kraftorte in ihr Wissen mit ein und lebten und agierten in heilender Umgebung. Sie wussten um das einheitliche Zusammenwirken der uns alle beherrschenden Kräfte des Kosmos und der Mutter Erde. Dies Wissen der Druiden, Druden, Truden, Hexen wurde später verfolgt und unterdrückt und bricht sich heute mit gewaltiger Kraft Bahn.

Das Begehen der magischen Orte und Erkennen der Urkräfte solcher Druidenhaine und Druidinnen-Stätten ist und bleibt wahre Schatzsuche …

Schatzsucher waren es denn auch, die mit sehr materialistischen Motivationen in den letzten zwei Jahrhunderten dem Erbe der Kelten beikommen wollten.

Denn Hügelgräber haben es stets im wörtlichen Sinne in sich. Die Kelten glaubten nicht an Himmel und Hölle. Für die Anderswelt gaben sie ihren Toten wertvolle Schmuckstücke und Kultgegenstände mit, etwa ein Sonnenrad, eine Fibel, eine Spange, einen Prunkhelm, eine Eberstatuette, gar einen kleinen Sonnenwagen.

Ganz in der Nähe vom Forsthaus Kasten ist solch eine Hügelgräberanlage. Wir beginnen unsere Keltentour an der Keltenschanze von Buchendorf. Wir stimmen uns energetisch ein, bevor wir dann die Hügelgräber aufsuchen, die in dem Richtung Norden gelegenen Wald leicht zu finden sind. Eine Tafel weist darauf hin: Buchendorf steht mit den eben beschriebenen Keltenstätten von Mühltal in Verbindung.

Inmitten der Keltenschanze erinnern wir uns an die Sage von den Grabräubern: Vor knapp zweihundert Jahren kam ein fremder Mann in das den Hügelgräbern nahe gelegene Dorf. Bauernburschen am Stammtisch erzählten laut von den Keltenschätzen und fragten sich, wie man diese wohl finden könne. Der geheimnisvolle Fremde, er sah wohl selbst aus wie ein Druide, hörte nur still zu und sagte dann mit magischer Stimme: »Ich weiß, wie man den Schatz findet!«

»Wie? Wo? Wann?«

»Man braucht dazu eine magische Schaufel, die aus neun verschiedenen Hölzern zusammengesetzt ist und die noch niemals zuvor ein Mensch benutzt hat!«

»Ah ...?«

»So ist es. Allerdings ist diese Schaufel sehr, sehr teuer ...«

»Die Schaufel muss her!«, schrien die Burschen aufgeregt.

»Ich bräuchte zwanzig Gulden«, so der Fremde lauernd, »um sie mir zu besorgen.«

Neugierig waren die Burschen und geldgierig. Sie kratzten ihr letztes Erspartes zusammen und finanzierten so die magische Schaufel. Der Fremde hatte auch tatsächlich wenige Tage später solch ein Arbeitsgerät dabei und begann mit einem seltsamen Einweihungsritual.

Dann war es so weit!

Er führte die Burschen an die seltsamste Stelle des Waldes, genau dorthin, wo wir heute die keltische Nekropole bestaunen können.

»Diese Zauberschaufel wird uns genau zu der Stelle hinführen«, erklärte er, »doch sehe ich die Gefahr, dass durch die enorme Wunschkraft des Griffes uralte keltische Energien wachgerufen werden könnten. Habt keine Angst! Die Geister der Ahnen werden euch schon nichts tun.«

»Geister der Ahnen?« O weh. Den Bauernburschen schlugen vor Grusel die Zähne aufeinander.

An der Kuppe des zentralen Hügelgrabes sah der Fremde sich auffallend besorgt um. Der Vollmond goss weißes, kaltes Licht über die Keltengräber. Schaurig rief dann ein Käuzchen. Unerträgliche Stille folgte. Kreidebleich standen die vier jungen Männer zwischen den Stämmen der Bäume. Wie gerne hätten sie alles rückgängig gemacht.

Doch da! Um Gottes willen! Ein Gespenst! Der Teufel selbst sprang aus der Grabmulde und schrie grauenerregend.

»Fort hier, nur schnell fort!«

Die Burschen liefen um ihr Leben und kamen nie mehr zurück.

Auch der Fremde kam nie wieder in den kleinen Ort …

Jede Sage hat einen wahren Kern. Hier sind es

die Schätze, also Grabbeigaben, dann das Wissen um die Macht der Ahnen und die Schaufel mit neun Hölzern. Zauberhölzer sind oft aus mehreren besonderen Hölzern zusammengesetzt. Und die Zahl Neun ist zusammengesetzt aus drei mal drei.

Das alles heißt, wer die feinere Empfindung hat, wer fühlend und hellsichtig ist, der erkennt den Schatz.

Wie vorhin schon gesagt, suchen wir die Hügelgräber am besten von der Keltenschanze von Buchendorf her auf. Der hoch energetische Kulttempel der Kelten, an dem auch Menschenopferkulte und ein sechsunddreißig Meter tiefer Opferschacht nachweisbar sind, ist bereits von mir in einem meiner Kraftort-Führer beschrieben und seine hoch in den Himmel wallende Funktionsweise erörtert worden. Deshalb will ich an dieser Stelle darauf verzichten.

Gehen wir also von dieser Buchendorfer Keltenschanze aus einen deutlich erkennbaren Feldweg Richtung Norden, auf die breite Waldkette zu. Man ahnt schon die ungebrochen waltende Energie keltischer Kulte hinter der dunklen Silhouette der hohen Fichten.

Dort angekommen, quert ein noch schmalerer

Weg, der den Wald in ostwestlicher Richtung säumt. Wir wenden uns ein kurzes Stück nach rechts und gehen dann, den beschaulichen Waldrandweg verlassend, einfach zwischen die Baumstämme links von uns, betreten den weichen, federnden Moosboden. Und schon sind wir in einem keltischen Grabhügelfeld, das unweit vom Forsthaus Kasten liegt und durch die Kraterform aller Gräber beweist, dass es irgendwann geplündert worden ist. Denn all diese Hügelgräber waren ursprünglich geschlossen und erfreuten sich des natürlichen Respekts vor Toten. Wie auch an anderer Stelle erwähnt, ging erst zur Jahrhundertwende dieser Respekt verloren und wich blinder Jagdgier nach seltsamen und sagenverbrämten Schätzen. Auch in diesem Grabhügelfeld wurde der ideelle Wert der Grabbeigaben zumeist übersehen und nur das Gold, das schnell Verkaufbare, an sich gerafft und schnöde verhökert.

Wie wird wohl das weitere Leben solcher Grabräuber verlaufen sein, die sich an magisch geladenen Grabbeigaben der Ahnen vergriffen haben? Ich möchte nicht mit ihnen tauschen ...

Es ist immer angebracht, wenn wir solche Gräber besuchen, über die gewaltige Macht der

Ahnen nachzudenken: Denn die keltische Mythologie, wenn man sie wirklich durchdringt, ist gesättigt vom tiefen Wissen über die immerfort waltende Kraft verstorbener Vorfahren. Der Experte John Matthews stellt fest: »Überall in der keltischen Mythologie finden sich Beispiele für die Lehren der Ahnen (...) Der römische Historiker Tertullian berichtet, die Kelten pflegten auf den Gräbern ihrer Ahnen zu schlafen, um sich deren Weisheit einflößen zu lassen ...« (Keltischer Schamanismus, a. a. O., S. 265).

Ich habe schon mehrfach erwähnt, dass sich gerade heute das Wissen der Kelten mehr und mehr Bahn bricht. Ist es in diesem Zusammenhang nicht auch interessant, dass Familienaufstellungen nach Hellinger populärer sind denn je? Keltisches Ur-Wissen durchdringt die Versiegelung späterer Kulturen und Ethiken und wird unter anderem Namen in neue Gesellschaftsformen integriert. Wer sich auf keltisches Denkterrain begibt, der kommt um eine eigene Auseinandersetzung mit den Ahnen nicht herum. Er lernt sich selbst kennen und kann sich von Energien befreien, die die Familie vielleicht schon längere Zeit belasten.

Lassen Sie sich ganz ein auf den Ort. Achten

und ehren Sie alle Gedanken, die Ihnen in den Sinn kommen. Oft verbergen sich die Antworten im Unscheinbaren.

Ausgangspunkt: Ideal wäre die Keltenschanze von Buchendorf. Hier energetisch aufladen. Der Wald mit den Hügelgräbern ist im Norden deutlich zu sehen.
Länge: Etwa 1–2 Kilometer. Deutlicher Feldweg zum Waldrand.
Anstieg: Keiner, nur ca. 10–15 Meter pro Hügelgrab.
Einkehr: In Buchendorf alte Dorfgaststätte oder mehrere gute Lokale im nahen Gauting.
Anfahrt: München (Planegger Straße südlich, Richtung Starnberg), durch Gräfelfing, Krailing hindurch. In Gauting scharfe Linkskurve Richtung Buchendorf. Hier bei einer Mariensäule links ab, bald kommt eine Straße nach rechts mit Schild »Keltenschanze«. Vor einem Hügel gute Parkmöglichkeit.

6

Die Keltenschanze bei Utting

*Ort der Erdkraft und
Wandlung*

Eine hoch energetische Anlage bei Utting korrespondiert mit Andechs und lässt erkennen, dass der gesamte Ammersee mit Keltenkraft bewusst vernetzt ist.

Gerade das Westufer des Ammersees ist durch mehrere keltische Kultorte deutlich in seinem Energiefeld geprägt. Es existieren zahlreiche besuchenswerte Orte der Kraft, die schon auf einer guten Radwanderkarte deutlich auffallen und entsprechend gekennzeichnet sind. Befasst man sich indes näher mit dem Thema – und ich hatte das Glück, hervorragende Informanten zu treffen –, dann wird schnell klar, dass der gesamte Ammersee von keltischen Kultobjekten nahezu systematisch umbaut ist. Der westliche Teil, wie er sich vom Ufer aus in herrlichen harmonischen Höhenzügen hinzieht, weist eine deutliche Häufung von Wallanlagen auf, die wiederum mit denen der gegenüberliegenden Seite des Sees, besonders Andechs, in strahlender Verbindung stehen.

So liegen etwa umfangreiche Grabhügelfelder im Staatsforst Streitheim ostwärts von Heinrichshofen (immerhin siebzig Hügel), zwischen Schöffelding und Unterfinning finden sich zweiundzwanzig, im so genannten Obereglinger Holz nordwestlich von Walleshausen zusammen neunzehn, im Schlegelwald nordwestlich Stoffen neunzehn, und schließlich im Wäldchen mit Namen Weingarten nördlich von Unterschondorf sollen es vierzehn sein.

Beginnen wir unseren keltischen Energie-Tripp im »Weingarten«, einem sogar bei Sonnenschein dunkel wirkenden Waldstück, das nördlich von Schondorf leicht zu erreichen ist. Am besten fahren Sie einfach von der Schondorfer Kirche aus die leichte Anhöhe abwärts, dann bald über ein Bahngleis, die Hauptstraße nördlich weiter Richtung Stegen. Dann biegt abrupt rechts ein Feldweg ab, der zum Wald führt.

Unser Ausgangspunkt ist ein Jägerstand, der sogar von der Straße aus sichtbar ist. Hier gehen wir nun in den Wald, entweder querfeldein oder bei der dreifachen Gabelung den Weg entlang.

Schweifen Sie jedoch immer wieder vom Weg ab und erkunden Sie den Wald: Keltische Energie ist hier deutlich spürbar, allerdings erscheint es mir, als würde dieser Wald irgendein ungutes Geheimnis bergen. Auch die Reste moderner Rituale und mehrere vor längerer Zeit errichtete Schwitzhütten verstärken diesen Eindruck. Tief im Gedränge der Baumstämme und Bodengewächse versteckt, liegen die Keltengräber, doch ist es mühsam, das Dickicht zu durchstreifen.

Der »Weingarten« ist energiegeladen. Doch seien Sie achtsam, dass Ihnen Ihre eigene hier nicht entzogen wird. An der weiten Lichtung mit dem Bänkchen sollten wir uns auf alle Fälle wieder positiv aufladen. Diese Lichtung ist wie ein Gleichrichter der Lebenskräfte.

Derart mit Kraft strotzender keltischer Energie des Ammersee-Westufers eingestimmt, freuen wir uns auf einen der Höhepunkte keltischer Kultstätten, einer ausgeklügelten frühzeitlichen Zeit- und Wettermaschine: die Keltenschanze von Utting. Sie ist eine der größten Schanzen im gesamten Bayernland und ihre Lage ist so ausgesucht und schön, dass sie uns in ungeahnte Höhen tragen wird!

Dazu müssen wir ein Stück auf der Hauptstraße weiter Richtung Süden fahren, nach Utting. Ziemlich in der Mitte dieses lieblichen und malerisch gelegenen Ortes, der bis zum Seeufer hinunterreicht, biegen wir, von Norden her kommend, rechts ab in die Landsberger Straße. Wir bewegen uns also genau nach Westen, fahren den herrschaftlich sich emporschwingenden Höhenzug empor bis zu einem Weg »Am Hottenbach«. Dort ist die gigantische Energie der großen Keltenschanze bereits zu spüren – aber wir sind noch nicht da. Betreten wir die kleine Kapelle neben der Straße (ihr Altar ist nach Westen ausgerichtet, nicht nach Osten, was äußerst selten vorkommt!) und lassen wir das Farbspiel des verglasten Seitenfensters auf unsere Seele wirken.

Vom gegenüberliegenden Parkplatz geht die Wanderung zunächst Richtung Süden los.

Bald macht der Weg eine Biegung nach Westen, die gute Laune, die sich jedes Mal beim Beschreiten des Weges einstellt, kommt nicht von ungefähr. Wir sind jetzt im Sendebereich der Schanze, deren energetische Abstrahlung sehr stark ist.

Es empfiehlt sich, vor dem Hochgehen zur Schanze, die hohe Baumgruppe auf einem augen-

fälligen Hügel etwas südlich unseres Weges auf-
zusuchen. Kundige Führer, die mir hier unter
dem Laubwerk begegneten (eigenartig, die stellen sich immer ein, wenn man zur rechten Zeit
am rechten Ort ist), haben mir verraten, dass die
Uttinger Schanze auf einer keltischen Kraftlinie
liegt, die, durch Finning und Utting führend, eine
Gerade ergibt. Der Leser möge diese Gerade auf
der Karte in beide Richtungen fortsetzen und
wird zu überraschenden Ergebnissen kommen.

Wir steigen den erhebenden Hügel weiter
hoch, immer genau nach Westen der sich sen-
kenden Sonne entgegen … Ganz unvermittelt tut
sich vor uns das hinreißende Kultobjekt auf, mit
einer gigantischen Präsenz, Eigenschwingung
und Strahlkraft.

Ich habe den Fehler gemacht, die Keltenschanze in einer ersten Erregung und Freude des
Findens allzu schnell zu betreten, ja geradezu zu
erstürmen, das sollte sich Tage später noch rä-
chen, nämlich durch Müdigkeit und Antriebs-
losigkeit. Der Ort ist im wahrsten Sinne berau-
schend, ein Rausch ist gefährlich und birgt den
Kater stets in sich.

Besser ist es, sich vorher zu erden, etwa durch
ein Gebet. Vielleicht sollte man auch nicht gleich

durch das alte Tor im Osten den unberechenbaren Innenraum dieser Wettermaschine betreten, sondern die Schanze erst ruhig und genau beobachtend außen umgehen, am besten rechts herum. Denn im Nordwesten steht eine schier unglaublich wuchtige Eiche, an deren Ästen rituell hingeschlungene Hexenbänder in dunklem Lila verraten, dass hier zu bestimmten Zeiten ganz bestimmte naturverbundene weibliche Besucher zum Feiern da sind …

Die ausführliche Tafel in der Nähe der Eiche informiert.

»Die vor ihnen liegende Anlage wird als Viereecksschanze bezeichnet …« Weiter erfahren wir, dass es sich um ein Bauwerk der Eisenzeit im zweiten und ersten Jahrhundert vor Christus handelt. Solche Schanzen dienten der damaligen Bevölkerung zu kultisch-religiösen Zwecken und Handlungen, zur Lehre und zur Weitergabe von Tradition, Rechtsprechung und auch zur Beobachtung der Gestirne.

Gehen wir am besten genau da, wo die Tafel steht, den Wall hoch. An allen vier Ecken ist die Schanze absichtlich um ein Wesentliches erhöht. Beobachten wir den Innenraum und aktivieren wir unser inneres Auge.

Von unserem Standplatz aus, dem Eckhügel im Nordwesten, genießen wir die Energie und sehen hinunter auf das ebene, leicht angehobene Wiesenfeld, das den Innenraum der Schanze ausmacht. Dabei handelt es sich immerhin um zwölftausend Quadratmeter Innenfläche. Direkt einige Meter vor uns standen Gebäude, Tempel oder auch eine Art Kapelle. Forschungen haben dies bewiesen; versuchen wir also, die Baulichkeiten vor unserem inneren Auge entstehen zu lassen.

Links davon, gegen Osten, befand sich eine Opferstätte, an der Brandopfer dargebracht wurden. Diese Stätte ist ganz in der Nähe des östlichen Eingangs, den wir zunächst gemieden haben. Wir wären sonst, unvorbereitet, genau über die Stelle gerannt, an der Menschen rituell hingerichtet wurden.

Die historische Forschung, über deren Ergebnisse uns die liebevoll gestaltete Holztafel informiert, bietet aber noch wesentlich Spektakuläreres. Direkt gegenüber von unserem Standpunkt, also an der südwestlichen Seite, wächst ebenfalls eine gigantische Eiche aus dem Kraft spendenden Erdboden. Die Schanze ist auch hier, wie an allen vier Ecken, deutlich angehoben.

Davor aber, also im südwestlichen Inneren, war ein heute noch deutlich spürbarer Kultplatz der besonderen Art: nämlich ein Erdschacht mit viereckigem Querschnitt und sogar holzverschalten Wänden. Der Schacht diente der Erzeugung von Strahlungsphänomenen!

Wenn sogar die sachlich geschriebene Schautafel auf solch übersinnliche Phänomene hinweist, dann können wir uns ausmalen, mit welcher Wucht und Kraft die Kelten sich auf das verstanden, was man heute Funkverkehr nennt, und wie sehr sie jene Kräfte beherrschten, die in der Lage sind, das Unterbewusstsein zu beeinflussen und auch zu manipulieren.

Probieren Sie es aus an Ort und Stelle.

»Bilder, Farben, Töne, Stimmungen ...«, erklärt die Hinweistafel, seien hier ohne weiteres aktivierbar.

Aber es »funktioniert« noch viel mehr!

Nun wird auch klar, warum an diesem magischen Ort Bayerns auch gegenwärtig Keltenkulte stattfinden. Westlich des Hexenbaumes findet sich z. B. eine kleine Schanze neueren Datums, in der Mitte als kreisrunder Ring eine Feuerstelle.

Stellen wir uns auf die Anhöhe im Südosten, blicken auf den herrlich vor uns liegenden See, erkennen das gegenüberliegende Andechs, das ebenfalls auf einem Keltenhügel steht. Und wir erkennen: Sender und Gegensender.

Wenn wir uns jetzt wieder vorstellen, dass der See von solchen vorzeitlichen Sendeanlagen umgeben ist, wird einiges klar.

Imaginieren wir das Netz und klinken wir uns ein.

Wenn wir vorhandene Gedankenformen nutzen, zeigen sich uns die erstaunlichsten Ergebnisse.

Interessanterweise ist die Strahlkraft solcher Keltenschanzen ähnlich wie bei den gotischen Kathedralen, die verwandelnde Wirkung auf den Besucher ausüben. So heißt es über den Meister von Chartres: »Er schuf eine Kathedrale, ein mächtiges Instrument religiöser Wirkung, das Kraft besaß, den Menschen zu verwandeln.« (Louis Charpentier: Die Geheimnisse der Kathedrale von Chartres, München 2001, S. 167.)

Es wird auch immer wieder gesagt, die nahezu überirdische Kunst der hochmittelalterlichen Baumeister hätte einen alchimistischen Wandlungsprozess bewirkt, jene bautechnischen und einweihungsbedingten Jahrhundertwerke, die selbst Zeugen einer Wandlung sind, hätten zu verwandeln vermocht.

Hier, an der Uttinger Schanze, ist alles noch viel aufregender. Betrachten wir zunächst die Einzelschanze, dann jedoch auch den Gesamtverbund am See (oder die fünf Schanzen im Landkreis Landsberg/Lech – oder all die einhundertfünfzig Keltenschanzen in Bayern als Gesamt-Verbund. Eine Kathedrale! Was für ein gigantisches Gebiet der Wandlung wurde hier geschaffen!

Der Ort der Wandlung ist unsichtbar und doch für jeden fühlbar und vor allem wirksam, als eine »Kathedrale im Geiste«! Da steht sie, Jahrhunderte, Jahrtausende alt. Klinken Sie sich ein. Eine Loge im Geiste, die bestens funktioniert, lädt Sie ein, die Welt neu zu sehen, Urgründe zu schauen ... wenn Sie bereit sind zu sehen.

Diese Erdaufschüttungen am richtigen Ort sind Netzwerke, die immer schon funktioniert haben und weiter funktionieren werden. Und jedem ist es selbst überlassen, ob und in welchem Maße er die Kraft jener Orte für sich nutzen will. Viel Vergnügen.

Ausgangspunkt: Kleiner Parkplatz »Am Hottenbach« gegenüber der kleinen Kapelle.

Länge: 1–2 Kilometer, je nach Verweilen.

Anstieg: Etwa 200–300 Meter insgesamt, bei der Keltenschanze ca. 20 Meter.

Einkehr: Mehrere Lokale in Utting und Schondorf, dazwischen in Richtung zum See Kultlokal »Alte Villa«.

Anfahrt: München A 96 Richtung Landsberg–Lindau, Ausfahrt Ammersee-Westufer oder Greifenberg. Dann über Schondorf nach Utting. In Utting (Ortsmitte) rechts die Landsberger Straße hoch zur Ludwigshöhe. Kapelle am Hottenbach deutlich zu erkennen auf freiem Feld. Parkplatz auf gegenüberliegender Straßenseite.

7

Der Donarbühel in der Nähe des Wörthsees

Heilender Kraftort ohne Raum und Zeit

Ein typischer keltischer Weltenhügel östlich des Wörthsees zieht wie magisch Blitze und Kraftortkenner an und wird heute noch rituell genutzt.

In England heißen diese keltischen Hügel »long barrows« und, da es bei uns keinen besonderen Namen für diese idealen Selbsterfahrungsstätten gibt, würde ich die Bezeichnung »Hügel der Kraft« oder »Magischer Berg« vorschlagen.

Andechs ist auch solch ein magischer Berg und wird kurioserweise ja auch »Heiliger Berg« genannt. Es ist historisch erwiesen, dass das heutige Kloster, geografisch und geomantisch gesehen, auf keltischem Urgrund steht, was nicht sehr verwunderlich für denjenigen, der mit diesen Energien vertraut ist.

Fast in Sichtweite lockt uns ein anderer Hügel, der sich hinter dem Ostufer des Wörthsees erhebt: der Donarbühel, auch Donnerbichl genannt oder Burgselberg.

Viele von Ihnen werden wahrscheinlich bereits bei diesem Namen aufhorchen: Donar, also Thor, ist der germanische Gott des Blitzes, des Grolls, des Donners und der Macht; und Bühel, gleichbedeutend Berg, die Bezeichnung eines zumeist kultischen Hügels.

Wir begehen oder befahren das in zauberhafter Landschaft gelegene Areal, indem wir auf der Etterschlager Hauptstraße (also Autobahn München–Lindau, Ausfahrt Wörthsee und dann halb durch Steinebach) dem Schild nach links zum so genannten Kuckucksheim folgen.

Wir gelangen auf eine Art Vorberg unseres Donnerberges, einem von schmucken Villen bebauten Gebiet mit reichhaltigen Wäldern, die es aber in sich haben.

Kaum sind wir auf dieser deutlich nach oben führenden schmalen Bergstraße, heißt es rechts abbiegen, das Auto stehen lassen und ein sich anschließendes bewaldetes Hochplateau begehen.

Als ich diese Stätte zum ersten Mal besuchte, ist mir dort sofort das dicht und hoch wachsende Johanniskraut aufgefallen: ein unübersehbares Zeichen, dass der Ort heilende Kräfte aus sich hervorbringt.

Bald finden wir, wie so oft bei derartigen Wanderungen, einen deutlich ausgeprägten Rundplatz, der genau zwischen drei hohen Buchen gelegen ist: ein wahrer Naturtempel, der sogar durch eine besondere Rindenschüttung hervorgehoben wird. Ich wäre nicht zu der Stelle gelangt, hätten mich nicht Ortskundige auf diese eigenartigen Plätze im Bergwald hingewiesen.

Wir fahren oder gehen dann den Waldweg weiter. Schon kurze Zeit später können wir deutlich drei Schwitzhütten erkennen, die bezeugen, dass dieses Areal von Kundigen zu Kultzwecken genutzt wird.

Danach fahren oder gehen wir die Waldstraße (sie heißt tatsächlich so) bis zum Ende. Wir befinden uns auf einer Lichtung und die zahlreichen Bienenstöcke deuten auf einen unruhigen, aber vor Lebensenergie strotzenden Platz hin. Die Imme war für die Kelten Symbol des Lebens, der Gesundung und der Fruchtbarkeit.

Nach den Bienenstöcken erschließt sich ein weiter Wiesengrund, der rundum von Wald gesäumt wird; zahlreiche Jägerstände, von denen die Wiesenfläche geradezu eingerahmt wird, deuten auf ein hohes Wildaufkommen hin. Kurz vor dem hohen Birkenhain befindet sich ein weiterer Thingplatz.

Nun sind wir eingestimmt für den eigentlichen Donarbühel oder Burgselberg. Wir fahren zurück zur Hauptstraße, durchqueren den Ort, biegen dann, bei der großen Kreuzung, links hoch in Richtung Burgselberg. Ein Schild gibt Auskunft.

Von dort beginnt eine aufregend schöne Wanderung, immer die Bergserpentine hoch: Wege der Kraft, Verbindungslinien zwischen magischen Punkten heißen immer schon Schlangenpfad, Drachenweg, Leyline, Alignment ... oder einfach Pilgerweg, je nachdem. Hier ist es eine Art Kraftspirale nach oben, denn die Spitze des Donarbühels liegt auf einem Schnittpunkt des europaweiten Gitternetzes solcher Kraftlinien.

Der Einweihungspfad nach oben windet sich wie eine Schlange. Auf halbem Wege geht es deutlich links ab, da, wo der Hauptweg eine steile Rechtskurve beschreibt. Bald findet sich ein deutlich zu erkennender Kraftort zwischen vier Buchen, der uns mental auf den besonderen Kultplatz weiter vorn einstimmt.

Dann geht man zehn bis zwanzig Meter weiter,

hier baut sich grandios ein von der Natur geschaffener Runddom auf, geradezu himmelstürmend, der von sieben auffallend hohen und gesunden Bäumen gesäumt wird, mit wunderbarem Blick hinunter auf den Wörthsee, also genau nach Westen. Hier können wir uns der Sage von der Mausinsel unten im Wörthsee erinnern: Der bitterböse Burgherr vom nahen Schloss Seefeld brachte seine Angestellten auf zynische Weise ums Leben, indem er sie in einer brennenden Scheune einschloss und ihre verzweifelten Schreie mit dem Gefiepse von Mäusen verglich: Dafür wurde er von Mäusen und Ratten sein Leben lang verfolgt – bis zur bitteren Reue. Stellen wir uns dahin, wo der Boden deutlich sichtbar niedergetreten ist und tanken die Kraft des Ortes, der Vergangenheit, Gegenwart und Zukunft vereint. An solchen Plätzen sind die Raum-Zeit-Schranken aufgehoben. Spüren Sie die Kraft, lassen Sie sich darauf ein, ganz präsent zu sein. Tiefes Verweilen ermöglicht Erkenntnisse, die nicht von Ihrem Kopf gesteuert sind. Oder sprechen Sie laut ein Gebet. Schicken Sie einen Wunsch auf die Reise. Seien Sie da und nutzen Sie die besondere Kraft des Ortes.

Wir sind im Hexen- und Druidenland. Einer liebenswerten Frau, die ich irgendwann auf einem freien Feld in der Nähe des Sonnwend-feuer-Platzes der Wörthsee-Trachtler getroffen habe, hat mir diesen Platz verraten – danke.

Genau zu meinem Besuch im Sommer, man könnte glauben zur Begrüßung, wuchs in der Mitte dieses Platzes eine kleine blaue Blume. Was hat die Natur mit diesem Symbol bereit gestellt?

Wer es schafft, sich von einer so wunderschö-nen Stelle loszueisen, der soll den Donarbühel ganz nach oben gehen. Er wird von einem ein-gezäunten Wasserschloss überrascht, das in der Ausstrahlung recht unheimlich und negativ wirkt. Was soll hier verborgen werden? Kräfte tief aus dem Dunkeln der Mutter Erde?

In der Gemeindebibliothek im Rathaus findet sich eine alte Chronik, die verrät, dass hier »rö-mische« Befestigungsanlagen gewesen sein sol-len. Steine davon finden sich auch da, wo heute der Friedhof ist: nämlich bei der Auffahrt zum Kuckucksheim.

Der Name Donarbühel, Donnerberg, scheint mehr als zutreffend. Denn Einheimische aus Steinebach erzählen, dass dort oben, in der Nähe des unheimlichen Wasserschlosses, über-mäßig oft der Blitz einschlägt: Der keltische Gott des Donners lässt grüßen.

Grüßen wir zurück, lassen wir ihn erkennen, dass wir seine Kräfte anerkennen und achten. Und dass der eine Schöpfergott über all dem waltet. Bewahren wir tiefen Respekt vor diesen unbändigen Naturgewalten, die uns auf Orte hinweisen, die besonders kraftvoll sind und an denen besondere Erlebnisse, wie zum Beispiel Heilungen, möglich sind.

Wir lernen hier am heidnischen Platz: Wecke keine Urkräfte, über die du nichts oder viel zu wenig weißt.

Ausgangspunkt: Steinebach/Wörthsee, Hauptstraße, Abfahrt Richtung Osten »Kuckucksheim« oder »Burgselberg«.
Länge: 1–2 Kilometer, je nach Neugierde und Erkunden von interessanten Nebenwegen.
Anstieg: Etwa 300–400 Meter.
Einkehr: Fleischmann (Augustiner) direkt am See oder Strandbad Raabe in Steinebach. Auch viele andere interessante Gaststätten im Ort.
Anfahrt: München A 96 Richtung Landsberg–Lindau, Ausfahrt Wörthsee, nach Kreisverkehr über Waldbrunn Richtung Steinebach, gegen Ende der Ortsdurchfahrt links ab zum Kuckucksheim; später bei der großen Kreuzung, links hoch, Straßenschild »Burgselberg«. Dann baldmöglichst geeigneten Parkplatz suchen.

8

Der Krater des Klausbühl bei Weßling

Rundtempelanlage mit
starker keltischer Energie

Auf manchen Wanderkarten wird der Kraft- und
Kultplatz, der ganz in der Nähe von Weßling zu
finden ist, Klausbühl genannt. Die Ortsbezeich-
nung Bühl/Büchel oder Bichel, auch Bichl, rührt
immer von einer Anhöhe mit meist keltischer
Vergangenheit. So erinnert beispielsweise auch
der bayerische/österreichische Familienname
Bichler heute noch an die damaligen Anrainer
all der »Bühel« quer über das Land.

Wenn wir, von München kommend, durch
den Ort Weßling durchgefahren sind und dann
Richtung Seefeld, Pilsensee und Herrsching
weiterfahren, passieren wir bald schon – nachdem die Landschaft sich etwa einen Kilometer
nach dem Ortsausgang von Weßling zwischen
zwei Endmoränenausläufern wunderbar zum
Tal der Seen hin geöffnet hat – links neben der
B 2 das Gut Delling. Dies ist unser Ausgangs-

punkt, das Auto kann auf dem Parkplatz des Gutes abgestellt werden.

Es müsste Ihnen in der näheren Umgebung ein wunderschönes, mächtiges und recht dunkel belaubtes Baumensemble auf einer deutlich erkennbaren, abgesonderten Anhöhe auffallen. Wer den geschulten Blick hat, der erkennt sofort die endmoränentypische Struktur und die Kraft, die von diesem Platz ausstrahlt. Inmitten der hohen Stämme muss etwas los sein …

Direkt vom Gut aus führt ein wunderschöner Wanderweg Richtung Weßling, dem wir ein Stück folgen. Er ist auffallend langgezogen, verläuft entlang eines lieblichen schmalen Flüsschens und wird von Alleebäumen gesäumt. Nach ca. 400 Metern biegen wir vom Weg ab nach links. Der Kultplatzhügel entfaltet seine Energie bereits beim Anmarsch. Wir spüren genau, dass wir uns einem Platz mit großer Kraft nähern. Und so ist es.

Zuerst fällt, gleichsam als Torsteher, ein sehr hoher abgestorbener Baum mit bizarr in den Himmel staksenden Ästen auf. Der Rinde nach ist es eine Eiche. Der Baum wirkt wie ein Warner, die Energien hier nicht zu unterschätzen.

Wir klettern den Wall hoch. Die vielen Brennnesseln deuten auf unruhige, aber hoch vitale Energie des Bodens hin. Dahinter steht der Besucher an einem großen Krater, der etwa zwanzig Meter hoch und innen fünfzehn Meter tief ist. Handelt es sich hierbei um einen von der Natur geschaffenen Ort oder um eine alte Ringwallanlage, die von Menschenhand errichtet wurde?

Energetisch herrscht in der Mitte dieses Runddomes eine Art Wechselstrom. Man ist stets zwischen Plus und Minus hin und her gerissen. Die rituell ausgelegten drei Holzbohlen und drei schweren Steine lassen auf Rituale, die hier vor einigen Jahren stattfanden, schließen. Inzwischen wurde der Ort offensichtlich vergessen, was jedoch an seiner starken Energie nichts ändert, die dort für jeden fühlbar ist.

Genau im Westen steht eine übergroße Eiche, die sich kurz über dem Boden in drei (!) Teile teilt. Die Dreigabelung ist wie ein bequemer Sessel, in den wir uns niederlassen können: Sie werden schnell spüren, dass es ein wahres Energiesofa zum Auftanken ist. Dies ist ein guter Platz, um sich die Kelten zu vergegenwärtigen. Der Römer Ammianus Marcellinus (4. Jh. n. Chr.) beschreibt sie wie folgt:

»Die Gallier (bei den Römern die Kelten des

Festlandes in Gallien) sind streitsüchtig und arrogant bis zum Exzess. Jeder Beliebige von ihnen bietet in einer Streiterei immer zugleich mehreren Gegnern die Stirn, und dies ohne weitere Hilfe als die Unterstützung seiner Frau, die ein noch fürchterlicherer Meister im Kampf ist als er. Man muss diese Mannweiber einmal im Kampf gesehen haben ...«

Was für herrliche Beschreibungen der Kelten. Jeder war wertvoll, kraftvoll und stark, die Frauen ebenso wie die Männer. Diese Kraft und Stärke ist eben auch Teil dessen, was Bayern so erlebenswert macht. An einem alten Kraftort lässt sich über solche Wahrheiten herrlich meditieren.

Derart gestärkt wandern wir weiter nach Norden und erkennen ganz eindeutig eine keltische Wallanlage mit zwei weiteren Naturkratern. Die Gegebenheiten der Natur wurden hier sinnend genutzt: Von der Burg überblickt man das ganze Umland. Hohe Eichen und Buchen begrüßen uns mit dem säuselnden Geräusch der silbrig glänzenden Blätter im Sommerwind.

In einem der beiden Krater liegt ein Rundstein, der von einem Steinkreis umgeben ist. Wer hat hier wann welche Rituale begangen?

Wer hier am frühen Nachmittag gen Westen schaut, erkennt, wie weise dieser Mittelstein gesetzt ist: ein heimliches Stonehenge. Mehr sei nicht verraten.

Der Reiz dieser Anlage ist, dass jegliche Beschreibung fehlt. Der Ort ist unzweifelhaft von keltischer Energie besetzt und wird lange schon als Kultplatz genutzt. Wer also hingeht, möge dies mit tiefem Respekt tun und auch auf seine Gedanken achten. Eine Reinigung der negativen Einflüsse kann schon durch die Wertschätzung einer Blume am Wegesrand gelingen.

Die Naturkrater sind eine ideale Einstimmung für einen Kelten-Tripp rund um den Ammersee. Das Kloster Andechs liegt nicht fern. Es wurde auf einem Endmoränensporn erbaut, einem ehemals keltischen Kultplatz – wie übrigens fast alle Benediktinerklöster. Andechs wiederum liegt im Schnittpunkt des Rautensystems, das ganz Bayern in Energiepfade, Wunderwege und magische Orte einteilt. Dann Pähl, Dießen, Walch(!)statt und so viele andere Orte mehr rund um den Ammersee. Kenner haben mir verraten, dass das Ufer des Ammersees ganz bewusst von Keltenanlagen gesäumt wurde: Was für eine gigantische Energiemaschine unter freiem Himmel!

Ich wollte Klausbühl einmal in einer Vollmondnacht besuchen. Obwohl das helle Mondlicht um Mitternacht das diesem Hügel gegenüberliegende Tal und dessen feine Bodennebel in fluoreszierendes Licht tauchte, wirkte der Keltenhügel in jener Nacht eigenartig dunkel und abgeschirmt.

Ich ließ den Ort in dieser Nacht in Ruhe, denn er war ganz eindeutig versiegelt, und ich kam bei hellem Sonnenlicht wieder.

Ausgangspunkt: Parkplatz des Gutes Delling.
Länge: Ca. 1 Kilometer. Kann bei längerem Umherstreifen in der benachbarten Endmoränenlandschaft auch länger sein.
Anstieg: Auf dem Bühel ca. 25 Meter. Sonst alles ohne Anstieg.
Einkehr: Keine Gaststätte direkt in der Nähe. Aber der Burggasthof von Seefeld (herrlich gelegen) ist nicht allzu weit.
Anfahrt: Ab München Autobahn Lindau, Abfahrt Oberpfaffenhofen; dann immer Richtung Herrsching. Durch Weßling durch, bald kommt links das Gut Delling mit großem Parkplatz.

9

Heidnischer Kultstein in Fröttmaning

Eine dem Kreuz geweihte
Kirche birgt keltische Schätze

»Im Westen hat man uns gelehrt zu glauben, wir seien sündige, gefallene Wesen, getrennt von den geistigen Reichen, dem ursprünglichen Zustand des Paradieses und der Gnade ...«, schreibt der angelsächsische Keltenexperte John Matthews in seinem Buch »Keltischer Schamanismus, Rituale, Symbole, Traditionen«.

Wo immer wir keltisches Kultgebiet betreten, sollten wir uns vergegenwärtigen, dass wir von der alten Ursündenlehre geprägt sind und von einem alles beherrschenden Dualismus: einer Aufsplitterung in gut-böse, hell-dunkel, männlich-weiblich etc.

Die Kelten dachten da anders. Alle Experten sind sich einig, dass die keltische Denkart dem so genannten Weg des Schamanen nicht unähnlich war. Nämlich zu wissen: Der Mensch ist ein integrierter Bestandteil einer Welt, die wiederum

Teil eines noch größeren Ganzen ist. In einer natürlichen Welt gibt es (natürlich) weder die Begriffe Sünde, gefallen, ewiges Gericht, gar verlorenes Paradies …

Reizvoll ist es immer wieder, gerade mit diesem gedanklichen Hintergrund einen nachgewiesenen keltischen Kultplatz zu entdecken, auf dem seit etwa tausend Jahren das Christentum architektonisch und ideell waltet. Wir werden immer wieder darauf stoßen, dass bereits die iroschottischen Wandermönche alte keltische (heidnische) Kräfte erkannten und schnellstmöglich christlich versiegelten.

Die alte Kraft ist allerdings eben nur eingeschlossen und nicht beseitigt. Alte Versiegelungen bleiben zeitlos und in unseren Tagen drängt nun alles nach oben; etwa wie der Dschinn, der orientalische Flaschengeist: Jahrhundertelang blieb er eingeschlossen, doch plötzlich öffnet ein Berufener die Zauberflasche oder reibt an der Lampe der Erkenntnis.

Genau so ein delikater Tatbestand lässt sich beim Fröttmaninger Kircherl erspüren, erleben und auch anschauen und anfassen.

Schon bei der Anfahrt ist das mächtige Windrad auf dem Fröttmaninger Schuttberg zu sehen: Ein energetischer Platz liefert zumeist auch Energien.

Die kleine, wuchtige Kirche selbst erinnert an einen schweren Kubus aus meterdicken Mauern. Ebenso der gedrungene Wehrturm. Tatsächlich misst die Außenmauer nicht weniger als 1,10 Meter. Die Heilig-Kreuz-Kirche soll in dieser Form zwischen dem 10. und 12. Jahrhundert entstanden sein. Doch die Anlage, das energetisch erkannte und genutzte Gesamtareal, ist viel älter. Hier, auf dem Heide(!)boden des Isarhochufers, haben sich schon vor viertausend Jahren Menschen niedergelassen, das war die Zeit der Kelten. Auch Reihengräber aus der merowingischen Epoche hat man hier entdeckt.

Der Name Fröttmaning wiederum geht auf »Freddamaringun« zurück, Friedumar also, der Friedfertige, einen Sippenführer im 6. Jahrhundert n. Chr.

Wir lassen all die vielfältigen kunstgeschichtlichen und historischen Fakten, mit denen uns der Führer überhäuft (wie so oft, wenn wir auf keltischen Spuren sind, wird von offizieller Seite über andere Dinge geredet), geduldig über uns ergehen. Spürt denn keiner, dass hier eine erdstarke Energie wirksam ist?

Die schwere Holzbohlentür, die von der Außenseite her mit Pflugscharen beschlagen ist, sollten wir als Symbol nehmen, dass hier besondere, vielleicht auch geheime Erkenntnisse geschützt und verborgen werden.

Wie magisch bleibt unser Blick an freigelegten Wandfresken hängen, denn die Motive sind gewiss nicht christlich, sie sind heidnisch, genauer: keltisch!

Da ist ein sprühendes Sonnenrad; es gibt an dieser wahrhaft vor Magie sprühenden Wand Kreise, Rosetten und rituell verbrämte Bänder. Am interessantesten ist jedoch der Lebensbaum, den ein Kenner keltischer Spiritualität gleich als Urbaum des Seins erkennt, oder als die Weltesche, die auch den Rückenmarkskanal und die Verzweigungen des Nervensystems wiedergibt. Und dies alles in einer Kirche, die dem christlichen Kreuz gewidmet ist.

Daneben erinnert ein Kreis mit sechsstrahligem Stern an den Opferkessel der Kelten. Die Ornamente aus Kreissegmenten lassen eine so genannte Fischblase erkennen und führen den, der darin eingelesen ist, hin zur Heiligen Geometrie, zur Mer-Ka-Ba.

Je öfter man diese Kirche betrachtet, desto mehr

drängt der Eindruck sich auf, dass das vordergründig Christliche hier nur eine ganz andere, viel ältere Glaubensform übertünchen soll. Die seltsamen keltischen Sigillen an der Wand (und nichts anderes sind dies: kultisch aufgeladene Symbole der ganzheitlich denkenden, niemals dualistisch das Sein aufspaltenden, keltischen Welt) sind erst im Jahre 1981 entdeckt worden und sollen aus dem Zeitraum um 1100 n. Chr. stammen. Es hat also der damalige Künstler (hier eher Magier!) zu Beginn des Hohen Mittelalters die alte Kraft des Ortes in Zeichen umgesetzt. Oder er hat eine Geheimsprache aus uralter Zeit benutzt, um uns, die wir Augen haben, um zu sehen, und Ohren, um zu hören, über den Tunnel von Raum und Zeit etwas Bedeutsames zuzurufen.

Ich bin sicher, dass es so ist, denn wenn man die Zeichen an der Wand eingehend und konzentriert betrachtet, öffnet sich plötzlich, ähnlich wie beim Computer, wenn das richtige Icon angeklickt wird, die keltische Diesseits- und auch Jenseitswelt dem inneren Auge.

Man sollte den Begriff »Icon« aus der Computersprache bewusst einsetzen und verwenden, wenn es um die Dechiffrierung keltischer Zeichen geht. Iconos, das Bildnis: im Wort Ikone schwingt der sakrale Ursinn des Wortes immer noch nach.

Wir lernen also: Kelten arbeiteten mit Bildern, die zeitlos wirken für den, der sie lesen kann und will. Dieser archaisch keltischen Kultsprache, die übrigens auch an einer Eichensäule zu sehen ist, von der die Orgelempore getragen wird (Eichensäulen sind immer keltischen Ursprungs), ist im Innern der Kirche sichtbar ein ideeller Gegenpol gesetzt: Denn der Besucher sieht sich im Kirchenraum einer wirklich allgegenwärtigen Kreuzessymbolik gegenüber.

Alles im Innern dieses Gotteshauses und auch außerhalb ist unübersehbar aufs Kreuz Christi bezogen, wie ja auch schon der Name Heilig Kreuz sagt. Freude über das wunderbare Erlösungswerk von Jesus Christus und den eigentlichen Inhalt der Frohen Botschaft will hier allerdings nicht aufkommen – alles bleibt dunkel und okkult. Zu sehr leuchtet der heidnische Lebensbaum an der Wand, grüßt aus einer Vorzeit herüber, als es statt dem Baum des Kreuzes den Urbaum des Lebens gab.

Über der Altarempore hängen zwei Totenschädel unter Golgatha: Einer sieht verbittert drein, der andere lacht.

In der Nähe des Altars hat diese Fröttmaninger Kirche Sensationen bereit: Die alten Bodenziegel zeigen Abdrücke von Kinderfüßen. Diese eingebrannten Spuren der kleinen Sohlen von etwa siebenjährigen Kindern werden als nette Folklore erklärt; wenn man jedoch die keltischen Opferkulte, wie sie etwa in Manching nachgewiesen wurden, im Hintergrund sieht, gefriert bei diesem mehr als handfesten Hinweis das Blut in den Adern (vgl. S. 140). Es kommt noch deutlicher.

»Der Altar wurde durch eine herabfallende Glocke zerschlagen«, erklärt der freundliche Kirchenführer. »Was zutage kam, ist ein runder Kultstein, die Experten sagen, er stamme aus keltischer Zeit … es muss an dieser Stelle wohl einen Kult im Freien gegeben haben.«

Tatsächlich ist ein Teil dieses keltischen Rundaltares aus Tuffstein zu sehen und zu berühren, wenn man hinter den jetzigen Altar tritt. Und welche Kraft der Stein ausstrahlt, heute noch! Umwerfend.

Eine linksdrehende, fast beunruhigende Energie, die, richtig verwendet, heilend wirken kann.

Mein besonderer Rat: Achten Sie beim Besuch auf die eigene Grundstimmung. Denn die Kirche von Fröttmaning und insbesonders dieser original keltische Kultstein sind extrem polarisierend. Gehen Sie nur hin, wenn die Seele im Lot ist. Denn bei mentaler Dissonanz sind hier regelrechte Kraftort-Unfälle möglich. Unterschätzen Sie niemals die Kraft geladener und besprochener Orte. Die Ahnen an solchen Kultstellen bleiben und wirken hier mehr, als man sich gemeinhin vergegenwärtigt. Und auch Ahnen meinen es nicht immer nur gut mit uns. Ein Gebet kann da Wunder bewirken.

Rechts hinter dem Altarraum kreuzen sich Erdstrahlen, die hier direkt im rechten Winkel aufeinander treffen. Gregor VII. sei mit dem rührigen Kirchenführer zitiert: »Zerstört nicht die Heiligtümer der Heiden, funktioniert sie um in Kultstätten.« Er scheint gewusst zu haben, wovon er sprach.

Und noch ein Tipp für Energie-Genießer: Eine Hauptlinie verläuft, wenn man sich im Inneren der Kirche befindet, direkt parallel zur Längsachse, von der Mitte der Orgelempore bis vor zum Altar. Dahinter befindet sich dann der Kreuzungspunkt mit einer querlaufenden Kraftlinie. Deren spürbare Wucht ist allerdings eher außerhalb wahrzunehmen, genauer gesagt: an der rechten Seite der dicken Außenmauer des Altarraumes.

Beenden wir den Kirchenbesuch mit einer Abladung auf dem Friedhof. Auch hier stellen wir fest, dass uns die Dreieckssymbolik der heidnischen Wandfresken immer wieder an Grabkreuzen begegnet.

Das Dreieck ist jedoch auch Zeichen göttlichen Erkennens, das uns ebenfalls das innere Auge zum Erkennen des Wesens hinter den Dingen öffnet.

Ausgangspunkt: Am besten der Bildstock ca. 100 Meter westlich der Kirche, auf dem schön begrünten energetischen Areal. Er ist seit alters her der Treffpunkt der vielen Wallfahrergruppen.

Länge: Einige hundert Meter. Denn man sollte die Kirche mehrfach umschreiten und den Friedhof als abladenden Platz genau ausloten.

Anstieg: Keiner.

Einkehr: Nichts in unmittelbarer Nähe. Brotzeit mitbringen oder zurück nach München.

Anfahrt: Ab München-Mitte, über Schwabing (Leopoldstraße) bis Münchner Freiheit, danach rechts ab in die Ungerer Straße. Diese geht nach einiger Zeit über in die Freisinger Landstraße. Lange entlangfahren, an den BR-Studios vorbei. Nach einem hohen Industriekamin, vor der deutlich erkennbaren rechts gelegenen Moschee mit Rundkuppel links ab in einen befahrbaren Weg. Der führt direkt zur Kirche. (Immer an dem großen Windrad Fröttmanings orientieren.)

10

Die Sunderburg bei Grafrath

Keltische Kultanlage
mit der Kraft der Ahnen

»Man nennt Grafrath auch das bayerische Bethlehem«, sagt ein auskunftsbereiter Ortsansässiger auf der sonnigen Terrasse des Sportplatzrestaurants, das auf einer Anhöhe über Grafrath seinen guten Platz hat. Die Sonne steht hoch, neigt sich schon etwas westwärts, im Osten, gleich über die Straße nach Mauern, erstreckt sich eine weite, bis hierher fühlbare energetische Wiese, bis das sanft hingestreckte Grün östlich und nördlich von dichtem Wald umrahmt wird: eine auch auf diese Entfernung deutlich erkennbare magische Grenze.

»Keltengräber? Da hinten«, sagt der gut gelaunte Bayer dann, diese Auskunft bekomme ich immer wieder:

»Irgendwo da hinten im Wald, schaun'S halt.«

Es heißt, selbst suchen. Doch die Suche lohnt sich und gerinnt zum keltenkultenergetischen Erlebnistripp der Extraklasse.

Hinten links, da wo Waldrand und Wiese ein energetisches Rechteck bilden, begegnen einem urplötzlich Totenbretter, wie man sie aus dem tiefsten bayerischen Wald kennt. Die Aufschriften sind mit alten, recht eigenartigen okkulten Sigillen versehen. Auch ein Sonnenrad ist dabei. Dann geht es, gar nicht weit davon, einen schmalen Weg in den auffallend hohen Wald hinein, ein verzaubertes Gehölz, das sich auch bald weitet und eine kühne Walllandschaft freigibt. Ein tiefer Graben zieht sich nordsüdlich bis zur Amper, jenen wildromantischen Fluss, den wir bald sehen und hören, sind wir doch am malerischen Hochufer des viele Geheimnisse bergenden Gewässers.

Bald kommt eine Lichtung, die von der Natur nahezu dreieckig gestaltet wurde: einer der aufladendsten Plätze, die ich kenne. Quirlige, linksdrehende Energie, dazu das vitale Glucksen und Murmeln des Flusses mit dem keltischen Namen.

Etwa dreißig Meter rechts von der Amper verläuft der Wald, knapp hinter der Baumgrenze ein gut sichtbarer und bequem begehbarer Trampelpfad.

Keltenland. Die Hügelgräber sind nicht allzu hoch, das geübte Auge kann sie indes an der Rundung, dem Baumbewuchs und dem Erdtrichter, der von Grabungen irgendwelcher Schatz-sucher stammt, erkennen.

Was für ein überirdischer Friede in dieser er-habenen Totenstadt herrscht!

Wir gehen diesen Einweihungsweg zu Ende, bis der Weg erst in sumpfiges Gelände ganz in Ufernähe, dann deutlich bergan führt. Rechts geht es steil hinauf, man braucht schon etwas Luft, aber die kleine Mühe lohnt sich. Dieser kurze, ansteigende Weg nach oben, zu jeder Jah-reszeit durch unwegsames Dickicht führend, hat eine recht zweifelhafte Energie. Oben gelangen wir bald auf einen festen Schotterweg, begehen diesen in linker Richtung und sehen bald das kleine Holzschild an einem Baum mit der Auf-schrift »Sunderburg«.

Eigentlich ist der Hinweis nicht nötig, denn wir spüren jetzt schon eine Urenergie, ganz so, als stünden wir in der Nähe eines Generators. So ist es auch.

Nach einigen Metern sehen wir deutlich mit-ten im Wald einen Hügel gute dreißig Meter jäh aufragen. Das Schild davor ist interessant: Die Erklärungen zur Sunderburg sind auffallend sorgfältig mit weißer Tünche übermalt worden. Trotzdem scheint das Wort »keltische Erdburg«

durch die Übermalung hindurch. Dagegen ist der viel weniger interessante Hinweis »1560 Jagdhaus der Wittelsbacher« nicht übermalt und deutlich zu lesen.

Selbstverständlich steigen wir unverzüglich den Erdhügel hinan: Was für eine mitreißende Energie! Reine Macht wabert hier aus dem Urschlund der Vergangenheit. Wobei diese Macht sowohl materiell als auch spirituell ist, die geistige Macht überwiegt allerdings.

Geben wir uns den hier vor Zeiten installierten Gedankenformen hin!

Oben am Scheitel der Sunderburg angekommen wird sichtbar, dass der Hügel Teil eines kleinen hufeisenförmigen Ringwalles sein muss.

Viele Rituale finden auch heute hier statt, das ist deutlich zu sehen: ein Steinkreis, eine runde Grabfläche, eine links der Anhöhe sauber gebaute Schwitzhütte zeugen von aktueller Nutzung. Der nördliche Teil der Anlage fällt jäh zur Amper hin ab, es sind vielleicht zweihundertfünfzig Meter bis zum Fluss. Der Ringwall wird also auch noch von der fließenden Kraft des Wassers gestärkt und beständig neu aufgeladen: eine ausschließlich für starke Rituale errichtete Stätte. Die Energie vieler vergangener Jahrhunderte ist hier oben nicht nur ungebrochen, sie dürfte sogar in unseren Tagen zielgerichtet gewollt und verstärkt auftreten.

Wer Gespür hat, der fühlt, dass hier ein Schatz vergraben ist. Der weiß auch, dass der bedeutendste Schatz immer im eigenen Kopf verborgen ruht, wenn die rituelle Sprache des magischen Ortes verstanden wird ...

Diesen Schatz gilt es immer wieder neu zu entdecken, wenn an einem magischen Ort keltische Bauten oder auch nur keltische Energie spürbar werden.

Die Kelten, von den Römern und Griechen auch Gallier genannt oder Galater, waren neben den Germanen das größte im prähistorischen Europa lebende Volk. Das gesamte Gebiet des heutigen Mitteleuropa wurde rund tausend Jahre lang, etwa bis um Christi Geburt, von den Kelten geprägt.

Kelten, Gallier, Galater – allein die verschiedenen Namen für das eine Volk schreiben ganze Bücher. Wer denkt schon daran, dass der Paulus-Brief an die Galater eine Auseinandersetzung des frommen und religiös tief erschütterten Eiferers mit okkulten Phänomenen in Kleinasien ist, der wütende Kampf mit Erdkräften verschie-

denster Art und deren undurchschaubarer Nutz-
barmachung, so wie sie sich heute leider wieder
massiv Bahn brechen.

Oder wer weiß, dass Goliath in der Bibel sehr
genau als Kelte beschrieben wird, sowohl was
seine riesenhafte Statur betrifft, als auch Klei-
dung, Bronzeschutz und vor allem sein aufrech-
ter Kampfeswille und die Sichel am Gürtel!

Wer weite Bögen schlagen will: Grafrath, der
Ortsname, kommt von Graf Rasso. Der wiederum hängt mit Andechs zusammen, mit den Huo-
si, und Rasso war selbst ein Riese. Ein Bild in
der Andechser Klosterkirche zeigt seinen riesi-
gen Körperwuchs.

»Wer nach Grafrath an der Amper wallfahr-
tete, konnte die Fürbitte des sel. Rasso von Andechs erflehen (…) er soll sich Verdienste um die
Befreiung des heiligen Landes aus den Händen
der Ungläubigen erworben haben« (aus: Herzö-
ge und Heilige, Katalog zur Landesausstellung
1993, München 1993, S. 37).

Wir beschließen unseren Keltenkultort-Be-
such nach der Rückkehr durch den Zauberwald
und die energetische Wiese mit einem Gebet bei
dem wunderbaren Kreuz ganz in der Nähe des
Parkplatzes des Sportplatzes. Der Ort hier ist

herrlich und beruhigend. Die Kelten waren interessant und aufregend, sind es bis heute, und bei Jesus fühlen wir uns geborgen!

Heute erfährt die untergegangene Kultur der Kelten eine überschwängliche Renaissance, die noch lange anhalten und nachklingen wird. Der Zeitgeist wird geprägt durch die Neuaktivierung vorhandener Gedankenformen.

Gedankenformen, Denktempel – wie eben an keltischen Kultanlagen in Bayern. Die Sunderburg ist eine wichtige davon.

Ausgangspunkt: Sportpark Grafrath, am stilvollsten das Kreuz gegenüber dem Vereinsheim, hier beginnt die Wiese, die zum Keltenwald führt.
Länge: 3–5 Kilometer, je nach Umherschweifen. Man sollte Zeit haben, da so viel zu entdecken ist.
Anstieg: Nach dem Wald, hin zur Sunderburg ca. 300 Meter. Sunderburg selbst ca. 30 Meter.
Einkehr: Direkt am Ort die Gaststätte des Sportclubs. Freundliche Bedienung.
Anfahrt: München B 12 Richtung Lindau, nach der Abfahrt Wörthsee kommt die Abfahrt Grafrath.
Beim Ortseingang an der sehenswerten Kirche St. Rasso vorbei. Im Ort bei Kreisverkehr Richtung Osten, immer einen Berg hoch, Richtung Mauern. Parkplatz Sportpark, neben deutlich sichtbaren Fußballplätzen. Gegenüber auf der Straße ist das schöne Kreuz auf einer kleinen Anhöhe.

11

Die Fentbachschanze bei Valley

Keltischer Ringwall
mit uralter Heilenergie

Die Anfahrt zu diesem gigantischen keltischen Ringwall, der durch seine Größe und Höhe erstaunt und auch durch die Tatsache, dass das gesamte Areal trotz seiner enormen Ausdehnung den Blicken entzogen ist, verläuft eindrücklich harmonisch. Bei Weyarn, dem magischen Ort mit dem Sternentor, verläuft die Autobahn über eine Kuppe, die sich an die (dunkel-energetische) Mangfallbrücke anschließt, mit weithin sichtbarem Sendemast. Die Landschaft ist faszinierend schön, aber auch dunkel und gefährlich. Ich weiß, wovon ich spreche, denn ich habe hier einen großen Teil meiner Kindheit und Jugend verbracht, da mein Vater Mangfall-Fischer ist. Die nahe Sendeanlage von Radio Freies Europa mit der enormen Strahlenergie mag das ihrige dazu beitragen, dass die gesamte Gegend postkartenwürdig schön und doch bisweilen von unerklärlichen Kräften durchwoben ist und bleibt.

Vielleicht ist es auch kein Zufall, dass ausgerechnet hier so auffallend viele Sendeanlagen stehen?

Die Fentbachschanze, die wir besuchen wollen, ist ebenfalls ein Sender, allerdings ein sehr raffinierter, der mit den gegebenen Mitteln der Natur und der naturgegebenen Strahlung arbeitet.

Wir verlassen die Autobahn München – Salzburg bei Weyarn, unterqueren dann die Trasse und fahren immer Richtung Valley. Nach wenigen Kilometern kommt der Ort Fentbach.

»Vor dem letzten Haus links hoch«, sagt ein Anwohner und verschweigt dabei, dass diese kleine Straße, wiewohl gut befahrbar, für den KFZ-Verkehr nicht erlaubt ist. Also wandern wir besser zu Fuß hoch und genießen den harmonisch geschwungenen Vorwall. Es fallen die alten Wegsteine ins Auge; dem Grad der Verwitterung nach sind sie sehr alt und stehen pfählend genau auf Kraftlinien.

Wir werden bei der Wanderung auch feststellen, dass entscheidende Teile eingezäunt sind. Warum?

Ein Bauer, der mit dem Traktor herantuckert,

meint: »Es kommen ständig Leute vorbei, die irgendetwas suchen.« – Interessant.

Etwa zweihundert Meter nach Beginn dieser Straße (sie heißt tatsächlich Keltenschanze, ein seltsamer Straßenname) sehen wir zur Rechten steil aufsteigend den Beginn der wirklichen Keltenschanze. Manche sehen hier ein Oppidum, eine ganze Stadt oder einen Teil davon, zumindest eine Befestigung. Ich selbst glaube eher an eine Kultstätte mit Sendefunktion. Denn der gesamte Wall verläuft schlangenförmig, was einerseits auf Naturgegebenheiten zurückzuführen sein mag, andererseits auf eine Schlangenlinie, einen Drachenpfad.

Wenn wir den Wall hochgeklettert sind, erkennen wir, wie klug diese Schanze errichtet wurde. Wir blicken gen Süden und ein mitreißendes Gebirgspanorama in der Ferne tut sich auf: Wir sehen die Tegernseer und Schlierseer Berge und auch den Wendelstein (Wandel-Stein, keltischer Zauberberg!).

Keltische Wallanlagen sind nicht lediglich Erdaufschüttungen oder grob nach einem Plan aufgeschüttete Steinwälle. Die lange Haltbarkeit bis in unsere Zeit hinein und ganz bestimmt weit über die Existenz der Menschen auf der Erde

hinaus beruht auf der speziellen Konstruktions-
weise dieses Mauerwerkes: Die keltischen Erbauer, die ein großes Einweihungswissen hatten,
ersannen und zimmerten ein sinniges Konstruk-
tionswerk aus längs- und quergelegten Holz-
balken, ein »kastenartiges Rahmenwerk« (siehe
dazu M. Bernsein: Kultstätten, Römerlager und
Urwege, München 1996). All dies wurde mit
Steinen aufgeschüttet, mit Mörtel verkleidet, mit
Erdrampen eingebettet und für immer gegen
Wind, Wetter, Frost, Regen und Sonne geschützt.
Später tat das Wurzelwerk der Bäume, die Bü-
sche, Pflanzen, die gesamte Vegetation das ihrige,
um die eigenartigen Wallanlagen zu erhalten.
Wer hat schon die Idee, ein Bauwerk von der
Natur zuwachsen zu lassen (wir würden heute
aus unserer veränderten Sichtweise »verwildern«
sagen), um dieses gleichsam ständig von Mutter
Natur neu geschützt, über die eigene Lebens-
spanne hinaus zu retten und versorgen zu lassen?

Wer meditierend diesen Gedanken freigibt,
der hat gleichsam einen Schlüssel zu der gesamten Anlage und dem phantastischen Weit-Wissen
der Erbauer.

Denn das, was Keltenkulte und keltische
Kultstätten für uns so interessant und so wahr-

haft erlebbar macht, geht über das bloße Wissen, wann, wo, wie und warum erbaut, weit hinaus.

Wer hier wirklich präsent ist und ganz bestimmte Stellen zu finden weiß (an vielen solcher Orte denke ich mir oft: Wer gräbt nur immer die Löcher an interessanten Stellen in den Boden?), wer also die Schanze wirklich begeht, der merkt bald: Der Ort packt einen, nimmt einen mit.

Wir steigen an besagter Stelle die steile Rampe zu dieser Birg hoch und finden eine Bank. Dies ist ein idealer Ort zum Verweilen und zum Sich-Einstimmen auf das, was uns mental nun erwartet. Hier an der hölzernen Ruhebank ist die Schwingung positiv, aber von einer eigentümlich lauernd-abwartenden Zwischentonlage: langsam, dräunend, gefährlich. Dieses von uns unbekannten Mächten geweihte Areal scheint die Ankunft des Suchers zu spüren und diesen abzutasten.

Wer hier die Gedankenformen des Ortes findet, der klickt sich in ein Netzwerk ein. Jeder wird seinen eigenen Weg finden. Denn all diese Orte lassen dem jeweiligen Besucher Raum, Raum im wörtlichen Sinne, für sein ureigenstes Anliegen: Er findet immer Antwort.

Diese Keltenanlage liegt genau auf einem hoch aufragenden Landschaftssporn zwischen Mangfall und Moosbach. Einen ähnlichen kanzelähnlichen Landschaftssporn weist übrigens die Birg bei Hohenschäftlarn auf, hier ist das Isarhochufer gekonnt und weise für die dortigen keltischen Kult- und Wallanlagen eingesetzt.

Beginnen wir also unsere Kultwanderung, hoch oben auf dieser schlangenförmig gekrümmten Ringwallanlage, dem oft föhnflirrenden Himmel Bayerns nahe. Wir gehen in ostwestlicher Richtung, der Wind beginnt in den hohen, mächtigen Bäumen sein Lied zu singen, als Zeichen der Begrüßung.

Der Ort hat uns erkannt.

Bald sehen wir zu unseren Füßen ringförmig ausgelegte Steine: ein Zeichen, dass gegenwärtig dieser Platz rituell genutzt wird. Zu unserer Rechten fällt der Wall nun sehr steil ab, links ebenfalls; die Wiese rechts zeigt plötzlich ein Bodendreieck, das, aus welchen Gründen auch immer, nicht landwirtschaftlich bearbeitet wird – vielleicht ist der kleine, kaum zu erkennende Tümpel in der Mitte des Dreiecks der Grund für dies Brachliegen, der Platz ist extrem abladend, weiblich, ganz im Gegensatz zu der machtvollen, auch etwas unheimlichen Stimmung auf dem Wall.

Dort oben gehen wir weiter, sehen wieder eigenartige Löcher im Boden ... dann ein umgestürzter Baum, eine mächtige Buche quer über dem schmalen Weg!

Die Energieformen werden nach dem querliegenden Baum auffallend dunkel und bedrohlich: Da ist auch schon der Zaun, der das Keltenwall-Grundstück mit dem Anwesen zur Linken mit einschließt. Warum hier oben ein Zaun? Ein Schild: »Warnung vor dem Hunde«. Es soll etwas verborgen werden. Die Kanaldeckel und Grabungen lassen ebenfalls darauf schließen.

Wir müssen die Birg von der rechten Seite her umgehen. Da, wo der Wall zu Ende ist, im Westen, fällt das gesamte Land steil ab, hin zum Mangfalltal.

Geben wir uns, sinnend und staunend, den Gedanken hin, die der Ort uns an eben dieser Stelle denken lässt. Keltische Wallanlagen machen, zumindest temporär, hellsichtig. Wundert Sie das?

Ich persönlich konnte ein anderes Phänomen beobachten: Den Tag dieser Kultplatz-Wanderung, es war Maria Himmelfahrt 2002, ein sonnenheißer Augusttag, begann ich mit den schmerzenden Nachwehen eines Hexenschusses. Noch beim Erklettern des Walles spürte ich aufdringlich stechend mein »Kreuz«. Obwohl die dunkle Energie der Fentbachschanze mich zwar beeindruckte, jedoch keineswegs beglückte, musste ich feststellen: Die Schmerzen waren hinterher weg. Bis heute. Ein Ort uralter Heilungsenergie? Vielleicht deshalb die Abschirmung?

Ausgangspunkt: In Fentbach Straße vor dem letzten Haus (von Weyarn her kommend) links hoch (Straßenschild »Keltenschanze«); hier Auto stehen lassen, da für PKW gesperrt. Kleine Wanderung gen Westen, Vorschanze, dann rechts deutlich sichtbar der Beginn der hohen dunklen Keltenschanze.
Länge: Gesamtweg etwa 1 ½ Kilometer, ca. 2 Stunden, je nach Verweildauer.
Anstieg: Ca. 200 Meter, dann mehrmals ca. 30 Meter auf der Schanze.
Einkehr: Unterhalb der Mangfallbrücke bei Weyarn, hier flussabwärts mehrere gute Gasthäuser und lohnender Spaziergang, sehr abladend am Fluss, nach der starken Keltenenergie.
Anfahrt: Ab München Autobahn Salzburg, Abfahrt Weyarn, dann nach links Richtung Valley, Autobahnbrücke wird unterquert. Bald, nach ca. 4 Kilometer kommt Fentbach.

12

Die Schwarze Madonna
von Frauenchiemsee

*Ein keltischer Einweihungspfad
in einer christlichen Kirche*

Die Fraueninsel im Chiemsee wird auch Frauenwörth genannt.

Der Name Wörth lässt immer auf eine magische Stätte schließen. Wir kennen das von der Insel Wörth im Staffelsee mit den geheimnisvollen
Ausgrabungen; die Insel Wörth im Wörthsee (!)
ist von einer geheimnisvollen Sage umrankt und
auch die Roseninsel im Starnberger See hat keltische Vergangenheit und wurde früher Wörth-
insel genannt. Und auch Frauenwörth im Chiemsee birgt bedeutende Funde aus der Bronzezeit
und der Latènezeit.

Der antike Schriftsteller Claudius Ptolemäus
schrieb vom keltischen Stamm der Alaunen, sie
lebten im Chiemseegebiet des ehemaligen König-
reiches Noricum. Es ist zudem erforscht, dass
die dort ansässigen Kelten neben ihrer Haupt-

gottheit Bedaius auch noch die Alounes verehrten, deren Heiligtum in Bedaium, dem heutigen Seebruck, gestanden haben soll.

Doch nicht nur die Fraueninsel zeigt Spuren keltischer Kultbauten. Auch an der Südwestspitze der Herreninsel existiert ein keltischer Ringwall, der gegenwärtig erforscht wird. Wer sich eingehender mit Kraftorten in Bayern beschäftigt, dem wird auffallen, dass der legendäre König Ludwig II. sich bevorzugt an solchen Orten niederließ und genau da seine spektakulären Schlösser errichtete.

Nun jedoch zu Frauenchiemsee. Wir gelangen, nachdem wir in Gstadt mit dem Schiff übergesetzt sind, am Hauptsteg der Insel an. Schon bei der Überfahrt ist dem Fühlenden die Magie des wunderbaren und wunderwirksamen Eilandes spürbar. Der typische achteckige Kirchturm der Klosterkirche, ein Campanile, also ein frei dastehender Pfähler der dortigen Erdenergieströme, sticht ins Auge. Für den einen das übliche postkartentypische Bayernensemble: Insel, See, Bäume und Kirchturm – für die anderen ein deutlicher Hinweis auf tellurische Ströme und deren von weisen Kräften inszenierte Fixierung durch einen klug platzierten Turm.

Wir gehen nun beim Inselwirt vorbei, hoch bis zum Klosterladen und wenden uns da gleich nach rechts. Vor dem Gasthaus Linde biegen wir links ab zur so genannten Torhalle. Die stammt nicht aus früher keltischer, sondern aus karolingischer Zeit (und birgt heute einen Teil der prähistorischen Staatssammlung); die faszinierende und rundbogendurchwobene Gewölbehalle stimmt durch mehrfach sich kreuzende Kraftlinien in den Tonnengewölben sehr gut auf das ein, was uns nun gleich erwartet.

Wir treten zentriert und mental gereinigt aus der Halle hinaus, aufs Wasser zu, wenden uns dann jedoch nach links.

Wie magisch werden wir von der Kirche mit dem lockenden Portal angezogen.

Dieses Portal sollte man lang auf sich wirken lassen. Seine Wirkung kommt nicht von ungefähr. Denn, vor dem dunklen Tor stehend, aus dem eher das Reich der Schatten denn christliche Frohbotschaftsenergie hervorzutreten scheint, befinden wir uns im unmittelbaren Strahlungsbereich des wuchtigen achteckigen Campanile, der jetzt unmittelbar rechts von uns in den Föhnhimmel ragt. Sowohl seine allein stehende Lage als auch der Platz, auf dem er sehr wissend gebaut ist, haben eine starke Wirkung auf den Pilger: Der Oktogonturm zieht die Kraft aus dem Boden und holt zugleich heilende und kraftgeladene Energie wie ein Radioempfänger aus den Wolken … also auf die Kirche herab.

Passieren wir dann das Tor der Einweihung. In dem wuchtigen Vorraum, der zur mentalen und seelischen Reinigung und Abladung gedacht ist, prallen wir förmlich zurück. Denn kaum ist die enorme Schwingungsbündelung des Tores überstanden, finden wir uns vor zwei magischen Säulen, die beide auf den Köpfen von Dämonen errichtet sind.

Dazu trägt die linke Säule zwei keltische Götzenköpfe, die rechte gar vier. Der keltische Einfluss ist auch durch das so typische Flechtwerk in Nähe der Säulen unübersehbar. Ich muss immer wieder staunen, welche Energien einem in einer Kirche begegnen können, die doch eigentlich christlich ausgerichtet ist.

Die Schwingung dieser beiden Säulen ist nicht nur stark, sie ist gefährlich.

Nun, vielleicht bleibt jedoch gerade das, was besonders deutlich sichtbar dasteht, den Blicken der Ungeübten am meisten verborgen.

»Die Säulen sind aus gotischer Zeit«, sagt die

Benediktinerin, die eine Führung macht. Sie weiß, was sie sagt und nicht sagt.

Nun sind wir mit dem Bewusstsein der an dieser Stelle waltenden Kräfte zwischen den Säulen hindurchgegangen (dieser kurze Weg bleibt nie ohne Wirkung, nennen wir es einmal salopp »spirituelle Waschanlage«), und stehen dann gebannt im Innern der Kirche. Gleich rechts, also gegenüber des Altars, steht das Taufbecken. Eine sehr ruhige, weibliche Energie herrscht dort vor. So ziemlich in allen Kirchen steht der Taufstein am abladenden, beruhigenden Platz.

Wer dann zwischen den Sitzreihen der Kirche, immer wieder die Hauptlinie vom hinteren Taufstein zum Altar senkrecht querend, schlendert und nur darauf achtet, was mit ihm selbst geschieht, der merkt bald, dass es immer wieder Punkte gibt, die deutlich spürbar sind und vom Feinfühligen als inneres Ziehen oder Glücksgefühl erlebt werden. Und all diese Punkte summieren sich, Sitzreihe für Sitzreihe, zu einer Geraden, die im rechten Seitenschiff die gesamte Länge des Hauptschiffes entlang reicht.

Im rechten Seitenschiff entdecken wir eine Schwarze Madonna. Ihr Blick fixiert – wie bei allen keltischen Madonnen üblich – einen festen

Punkt, irgendwo. Und jener Punkt liegt ganz genau auf der beschriebenen längs laufenden Energielinie. Interessanterweise ist rechts der Schwarzen Madonna auch eine Raute als erhabener Stein in die Wand eingelassen. Dieses Herrschaftszeichen markiert einen der wichtigen magischen Orte, die in Bayern alle auf den Schnittpunkten eines Rauten-Netzwerks liegen.

Schwarze Madonnen haben es in sich. Denn die Energielinie, die durch den Blick der heiligen Frau getroffen wird, führt im vorderen Teil der Kirche geradewegs zum Irmingard-Altar mit der stets aus sich selbst leuchtenden Irmingard-Reliquie. Oben im Hochaltar steht eine Figur des heiligen Georg, der mit seinem Speer genau auf diese Energielinie zeigt.

Ein deutliches Zeichen: Denn Georg (Geo wie in Geologie, Geometrie, Geomantie) pfählt die Leben spendende, weibliche Erdenergie, die zumeist als Drache dargestellt ist.

Überhaupt lohnt der Weg in den hinter dem Altar liegenden Kirchenteil: Ein imposantes Gemälde hängt direkt mit dem Rücken zum vorderen Altarblatt und zeigt die hier am Chiemsee allgegenwärtige Irmingard, wie sie über allen Wassern und Wolken schwebt.

Irmingard hilft bei Frauenleiden, vor allem gegen Kinderlosigkeit. So hat dieser Altarvorraum etwas Berührendes und Erhebendes; ist durch und durch Leben spendend, weshalb auch die meisten der hier zahlreich hängenden Votivtäfelchen Danksagungen sind für lange ersehnten Kindersegen. Die Hexenenergie (!) an diesem Platz macht fröhlich, gar übermütig und vitalisiert wie das Leben selbst. Und das alles in einem christlichen Gotteshaus!

Im rechten Teil des Vorschiffes ist noch der Benediktus-Altar sehenswert und auch die Maria-Mitleidskapelle. »Sehr durchbetet«, erklärt eine Schwester, die soeben Kerzen anzündet. Und sie hat Recht: Alles schwingt und fibriert in der unhörbaren und doch so spürbaren Hochfrequenz göttlicher Heilsenergie.

Schließlich erfahren wir bei der liebevollen Führung eine kleine Sensation:

Genau im hinteren rechten Teil der Kirche, exakt da, wo die Kraftlinie auf den wuchtigen meterdicken Pfeiler trifft, wurde erst vor kurzer Zeit, anlässlich einer Renovierung und einer damit verbundenen archäologischen Generaluntersuchung, das Grab der heiligen Irmingard gefunden: Ihr Sarkophag war also im Pfeiler, im wahrhaft tragenden Teil des Gotteshauses selbst, eingemauert – an der entscheidenden Stelle, dem magischen Punkt in der Kirche.

Diese schaurige kultische Handlung des Einmauerns begegnet uns oft bei keltischen Kultbauten, zum Beispiel in Manching, einem der spektakulärsten keltischen Fundorte in Bayern. Dort, wo 1999 im keltischen Oppidum auch der größte Goldschatz der deutschen Archäologiegeschichte gefunden worden ist (siehe Seite 138), hatte man ein siebenjähriges Kind am Osttor eingemauert.

Und nun hier das Beilegen einer toten Heiligen im tragenden Mauerwerk der Kirche. Die Wurzeln einer solchen Idee sind nicht primär christlich. Trotzdem: Die wunderbare Heilerin hilft, auch über ihren Tod hinaus. Gehen Sie hin, beten Sie und bitten Sie um Hilfe. Wunder sind möglich.

Ausgangspunkt: Anlegestelle Gstadt an der westlichen Seeseite.
Länge: Da die Insel nicht allzu groß ist, sind die Wege kurz. Insgesamt etwa 1 Kilometer.
Anstieg: Keiner.
Einkehr: Gasthaus Linde, auch andere Gasthäuser am Weg.
Anfahrt: München, Autobahn Salzburg A 8, Abfahrt Prien, über Rimsting nach Gstadt. Hier, Nähe Anlegestelle, gute Parkmöglichkeit.

13

Keltische Ringburg in der Nähe von Bad Birnbach

Ein Zauberbrunnen heilt Geist, Seele und Körper

Kennen Sie das aufregende Gefühl, wenn Sie plötzlich vom Strom des Lebens durchpulst werden, sich wie elektrisiert fühlen und gar nicht wissen, warum?

Immer mehr Menschen sind intensiv, wenn nicht gar verzweifelt auf der Suche, denn das, was die westliche Religion und die verwandten Religionen bieten, kann den urmenschlichen Wunsch nach erlebbarer Mystik und Schau der Dinge nicht mehr erfüllen.

So bricht sich in unseren Tagen auch die lebendige und durchaus angenehme Vorstellung von der keltischen Anderswelt mehr und mehr Bahn, dringt aus dem Nebel vergangener Jahrtausende hervor in den erlebbaren Glaubensbereich, ein Bild (!) von einem Jenseits, das mit dem Diesseits sehr eng verbunden ist.

Auch im Christentum gibt es wunderbare Wege zur Erkenntnis der Zwischen- und Andersreiche, die indes weniger populär sind.

Wollen wir nun diese aufregende Mischung aus sinnigem Naturerleben, keltischem Einweihungswissen und christlicher Frömmigkeit in der Nähe des hoch energetischen Bad Birnbach erleben. Den Quelltempel in der Nähe des Bades, die Kirche, die dem heiligen Chrysantus geweiht ist, die fantastische keltische Hügelgräberanlage bei Aunham, auch die Bruder-Konrad-Holzkapelle, ganz in der Nähe unserer keltischen Wallanlage, habe ich bereits in anderen Büchern beschrieben.

Es ist jedoch an dieser Stelle wichtig zu wissen, dass sich, von der Hügelgräberanlage, der Nekropole bei Aunham, eine hoch energetische Drachenlinie quer durch einen Teil des Ortes zieht, am Hotel Jagdhof vorbei, hoch zur Kirche, zum Friedhof, zur Holzkapelle und von da zu dem Brunnen, den wir finden wollen.

Denn heute sind wir auf dem Weg zu einem der verzaubertsten Wald-Quellbrunnen in ganz Bayern. Der Weg zu dieser sehr weiblichen, abladenden und Leben spendenden Stelle führt nicht von ungefähr an einer Birg vorbei, einer alten keltischen Wallanlage, die heute mit einem versteckten Holzschild diskret »Ringburg« genannt wird.

Von Birnbach aus wandern wir, oben genannter Drachenlinie folgend, über die weithin sichtbare Kirche auf dem Hügel in Richtung Friedhof (in der Kirche eine Diagonal-Kraftlinie). Am Friedhof vorbei stimmen wir uns dann beim Punkt »Schöne Aussicht« ein auf das, was uns bald erwarten wird: Kraft der Erde pur – und gleichzeitig eine unglaubliche Öffnung nach oben. Danach gehen wir geradeaus in den Wald und folgen den Schildern »Bruder-Konrad-Holzkapelle«.

Bald schon stehen wir vor dem beliebten und stets von gläubigen Wanderern besuchten, blockhausähnlichen und schindelgedeckten Kirchlein, atmen den Geist des Christentums und wundern uns – je nachdem, wie feinfühlend wir sind –, dass neben dieser so stark linksdrehenden Energie noch ganz andere Kräfte spürbar sind. Der legendäre Bruder Konrad, weiland Pförtner im Kloster Altötting, wird gewusst haben, weshalb er so gerne hierher kam – lange bevor die nach ihm benannte Kapelle dastand. Denn wir befinden uns auf urkeltischem Terrain. Und ein Mann von der Feinfühligkeit eines Bruder Konrad war selbstverständlich wissend um die Kräfte des Heimatbodens.

Wenden wir uns bei dieser lieblichen Kapelle direkt nach Norden: Ein Schild weist zum »Hansl-Huber-Brunnen«, dem wir folgen.

Nun beginnt für den Wanderer nicht nur ein wundersamer Waldspaziergang, sondern eine regelrechte Einweihung. Warum begegnet uns hier niemand, trotz der vielen Kurgäste im vielbesuchten Bad Birnbach?

Der Weg macht eine sanfte Schleife nach rechts. Er folgt einer hoch aufragenden keltischen Birg östlich des Weges, die heute von hohen Bäumen bewachsen ist. Der Pflanzenwuchs am Wegesrand – sehr viele Heilpflanzen und für okkulte Zwecke verwendbare Gewächse sind dabei – zeigt uns deutlich, dass die Schwingung hier eine ganz besondere ist: eindeutig heilend und helfend. Es ist erstaunlich, dass nicht mehr Kurgäste die heilenden Kräfte, die Mutter Erde so freigebig zur Verfügung stellt, nutzen.

Spüren wir bewusst und dankbar diesen sanften Rundum-Heileffekt hier im Wald, lassen wir uns ein auf die Vorstellung, dass es weder Vergangenheit, Gegenwart noch Zukunft gibt – die Zeit aufgehoben ist und nur das Sein existiert.

Wir befinden uns hier in einer Raum-Zeit-Schleuse, in der jeder Zeitbegriff aufgehoben ist.

Um alles Weitere, was nun kommt, zu verstehen, sollten wir etwas über die »Schwarze Madonna« wissen, denn in der Konrad-Kapelle steht eine solche. Die Schwarze Madonna steht immer in Bezug zu einem Dreieckspunkt, einem Vortexpunkt, der tellurische Kräfte fixiert. Tellurisch ist ein Begriff der Fachliteratur, ich verwende lieber die Bezeichnung Erdenergien.

Jeder Schwarzen Madonna ist ein Menhirpunkt (in Kirchen eine erdende runde Bodenplatte, zumeist im Eingangsbereich) beigegeben, der meist genau im Focus der Blickrichtung liegt. Hier, nahe der Holzkapelle mit der etwas unheimlichen Marienfigur, scheint mir allerdings eher der steinerne Brotzeittisch, der wie ein Rundtempel aussieht, dieser traditionellen Bodenplatte zu entsprechen. Er befindet sich jedoch an der Rückwand der Kapelle, denn die Madonna blickt genau nach Süden, weit ins Land über eine Talsenke – sofern die Kapellentür offen steht.

Von der Kapelle gehen wir weiter Richtung Brunnen. Der Wald ändert sich, lang gezogene Erdwälle befinden sich zu unserer Rechten; die keltische Birg wird immer höher.

Hier herrscht absolute Ruhe. Der Ort nimmt einen auf. Dann, nach einer Rechtsschleife des Weges, ist zu unserer Rechten der immer höher werdende Keltenwall, zu unserer Linken indes öffnet sich Leben spendend der »kühle Waldesgrund«. Eine harmonische Talsenke und dann das Brünnlein: der klare Quell direkt aus dem Waldboden, nur von einem kleinen Holztrog gefasst.

Wir haben die Dreiheit: Schwarze Madonna in der Kapelle, zurückgesetzter Fixierpunkt und Leben spendender Brunnen: Im Dom entspräche dieser dem Taufbecken.

Und in der Mitte der Ringwall.

Vergegenwärtigen wir uns hier beim Brünnlein, wo eine zugleich erdende und zum Himmel strebende Energie herrscht, dass uns die Kelten das Wissen um die Sprache der Ewigkeit hinterlassen haben.

Schauen wir irgendwann auf die Uhr: Wo ist sie geblieben, die Zeit?

Nebenbei sei geraten: Trinken Sie das Wasser von diesem Brunnen und waschen Sie sich die Augen.

Werden Sie einsichtig: Der Zauberbrunnen heilt Geist, Seele und Körper.

Ausgangspunkt: Die Pfarrkirche von Bad Birnbach mit dem Grab des heiligen Chysantus hoch auf dem Berg.
Länge: Ca. 3 Kilometer.
Anstieg: Fällt kaum ins Gewicht. Nur der Kirchberg und die leichte Anhöhe zur schönen Aussicht, ca. 30 Meter.
Einkehr: Wer will, kann nach der Rückkehr zur Holzkapelle bis Lengham weitergehen. Ansonsten Birnbach: Wirt am Berg, Rottaler Stub'n, einige empfehlenswerte Italiener am Neuen Marktplatz.
Anfahrt: Ab München Richtung Passau bis Mühldorf, hier ab in Neuötting nach Eggenfelden. An Pfarrkirchen vorbei, bald darauf links die Abfahrt Bad Birnbach.

14

Weltenhügel im Bayerischen Wald

*Steinkreise für eine Begegnung
mit den Ahnen*

Beim Denkmal Reschdobl bei Egglham, zwischen Pfarrkirchen und Vilshofen im Bayerischen Wald gelegen, wird die alte Kraft keltischer Steinkreise spürbar. In vielen Kulturen sind Berge Sitz der Götter oder aber Orte der Begegnung mit dem Erhabenen. Auch für Kelten waren Berge mehr als nur Erhebungen in der Landschaft. Vor allem frei stehende Hügel, die einen übersinnlich veranlagten Menschen damals wie heute magisch anziehen, waren den Kelten mit ihrem ausgeprägten Naturverständnis wichtig: zur Begegnung nämlich mit der anderen Welt, aber auch zum Sammeln und Kanalisieren der Erdkräfte.

Wir finden solch einen faszinierenden magischen Hügel an der Schwelle zum Bayerischen Wald, jenem wunderbaren und von Sagen durchwobenen Gebiet, in dem sich weiter im

Nordosten die berühmten keltischen Schalensteine finden lassen: eigenartige Wannen in großen Granitblöcken, deren kultische Herkunft nie gedeutet werden wird. Noch weiter nordöstlich beginnt der Böhmerwald, ebenfalls voller keltischer Geheimplätze, im Südosten Böhmens schiebt er sich dann nach Niederösterreich und nennt sich Waldviertel: ein Kultbereich auch für moderne Sucher alter Kräfte, für zeitgemäße Liebhaber von magischen Orten, Thingplätzen und Kultsteinen.

Weniger okkult, dafür von kraftstrotzender Lebensenergie ist der Hügel, den wir nun besteigen. Er ist etwa einhundert Meter hoch und sein magisch-kultischer Charakter wird schon bei der Annäherung an die gesamte Umgebung spürbar.

Nach Bad Birnbach fahren wir gen Norden Richtung Vilshofen. Wir steuern auf Osterhofen zu, bewundern die herrliche Weite sanft geschwungener Hügel, und kurz nach Egglham treffen wir zur Rechten auf das Hinweisschild: »Denkmal Reschdobl«.

Dort biegen wir ein und folgen einige Zeit dem Weg, der sich lange hinzieht.

Immer Richtung Westen bewegen wir uns und

sehen den Wallgraben oder wallähnlichen Hügel links von uns, der eigentümliche geometrische Formen annimmt, die sonderbar faszinieren. Gleich links gibt es dann eine winzige Möglichkeit, den Wagen abzustellen. Von da aus sind nur wenige Meter zu gehen.

Plötzlich baut sich ein majestätischer Rundberg vor uns auf, ästhetisch, stark und mit jener besonderen Ausstrahlung des kultisch genutzten und geladenen Areals, eine postkartenschöne Anhöhe mit auffallend gesundem und überdurchschnittlich hohem Baumbewuchs: Buchen, Birken, Tannen, Kiefern, Eichen und Föhren.

Der Weg führt in sanfter, so eigenartig lockender Weise nach oben, direkt zu einem Rundtempel am Gipfelpunkt.

Die Energie ist hier ganz ähnlich wie bei den bekannten Keltenschanzen. Vitalisierend, aber gleichzeitig auch nicht ungefährlich. Beim aufmerksamen Nach-oben-Steigen fällt Ihnen vielleicht auf, dass links des Weges im Wald der Hügel von einem keltischen Wall umgeben ist und auch von einem Wall gekrönt wird. Oben angekommen, herrscht im Angesicht des zentrierenden Rundtempels eine eigenartige mentale Ruhe. Dieser Dom auf heiliger Stätte wurde aus Naturfelsen errichtet und hat sechs Tore, die folglich in sechs Richtungen weisen.

Wer genug Zeit hat (und die sollte man sich nehmen), möge hier eine Meditation abhalten über die sechs Richtungen. Weisen die Tore nach außen – oder nach innen? Oder gleichzeitig in beide Richtungen?

Durch eine Inschrift erfahren wir, dass es sich dabei um Grabstätten handelt:

»Hier ruhen gebettet in 6 Gräbern 640 Landesverteidiger aus den Tälern der Donau Vils u. Rott«, so steht es eingeschrieben, zusammen mit der Jahreszahl 1706.

Es sollte uns der patriotisch-bayerische Vordergrund dieses Ensembles nicht über die wahre Bestimmung hinwegtäuschen. Überhaupt erinnert auch der kräftige, kämpfende und keulenschwingende Bayer eher an einen Kelten, einen Berserker mit ungebrochener Kampfeslust.

Auffällig ist hier, dass diese Kultstätte nicht, wie so oft geschehen, für christliche Zwecke umgemünzt wurde, sondern diesmal für bayerische. Dies ist ein Platz der Rückbesinnung, ein Platz der Ahnen. Wenn es bei den Kelten keine Polaritäten gab, gab es auch keine Trennung zwischen Leben und Tod. Alles war eins, miteinander verbunden. Die Ahnen allgegenwärtig. Dies ist ein guter Platz, um sich selbst zu befragen:

»Wer bin ich? Woher komme ich?«

»Doch vergessen Sie nie, dass viele Ahneneigenschaften, ob gut oder böse, sich in ihrer eigenen Familie weitervererben«, sagt John Matthews in seinem wunderbaren Werk »keltischer Schamanismus«.

Kelten nutzten vorgegebene Natur-Tempel geistreich und sinnvoll: bereits vorhandene rund angelegte Steinkreise, Baumtempel, Haine, besondere Rundhügel, von der Natur vorgegebene Thingplätze! Steinkreise dienten als Mikrokosmos und stellten das große Ganze dar – letztlich ein magisches Weltbild. Und man wusste darum, dass Kraftorte enorm und über Zeitgrenzen hinweg wirken und wiederum durch ein Gitternetz aus Ley-Lines (auch Drachenpfade oder Schlangenlinien genannt) miteinander verbunden sind.

Hier, inmitten dieses Steinkreises mit sechs Öffnungen (man darf ruhig immer an Stonehenge und ähnliche Kult-Kreis-Anlagen denken), wurde bewusst ein Mikrokosmos geschaffen, der das große Ganze, den Makrokosmos, widerspiegelt. Ein Kreis hat immer einen Mittelpunkt, den Omphalos, das »Zentrum der Welt«.

Setzen Sie sich an seine Stelle. Der Punkt im Kosmos, der magische Mittelpunkt, der sind Sie selbst. Nur Sie haben Einfluss auf sich selbst. Ändern Sie sich selbst, ändern Sie die Welt.

Ausgangspunkt: Kleiner Parkplatz direkt am Anstieg zu dem Denkmal auf dem Kulthügel.
Länge: Mit Umherschweifen ein knapper Kilometer.
Einkehr: Hier hat jedes Dorf der Umgebung eine attraktive Wirtschaft. Das nahe Aldersbach weist eine angesehene Brauerei auf.
Anfahrt: Ab München Richtung Passau (B 12), durch Mühldorf, dann Richtung Altötting, ab da nach Neuötting, Eggenfelden, Pfarrkirchen, Bad Birnbach, hier nördlich Richtung Vilshofen. Kurz nach der Ortsdurchfahrt Egglham ein Schild rechts Richtung »Denkmal Reschdobl«.

15

Keltenmuseum und Ringwall

Imposante Zeugen
energetischer Umwandlung

Wer sich mit der keltischen Kultur befasst, für
den ist Manching ein Muss.

Wir sollten zuerst die wunderbare und erfri-
schend lebendige Kelten-Ausstellung in einem
eigens dafür geschaffenen Haus (Keltisch-Römisches Museum Manching) ganz im Zentrum des
Ortes anschauen. Hier erhalten wir nicht nur
umfassende Informationen über die geheimnisvolle keltische Kultur, sondern auch über das
Manchinger Oppidum.

Mich hat beim Besuch des Museums die
Speerspitze an der rechten Wand im Ausstel-
lungsraum sofort fasziniert. Wer einen Blick für
spirituell und energetisch aufgeladene Materie
hat, dem wird diese federförmige Metallspitze
eines keltischen Wurfgeschosses ins Auge fallen.
Sie strahlt keine Macht aus, sondern wirkt mäch-
tig im Geiste, so, als wäre sie eine Antenne zur

Anderswelt. Bei einer Extraführung habe ich den Leiter der Ausstellung auf meine Beobachtung hin angesprochen und ein vielsagendes Schmunzeln geerntet.

»Wissen Sie, dass die Kelten hier in der Gegend Sumpf- oder Raseneisen gefunden haben?«, fragt er.

»Was ist das?«, entgegne ich.

»Es sind im Schilf verborgene kleine Eisenknöllchen: Eisendioxyd aus dem Donaumoos.«

Neben der eigenartigen eisernen Speerspitze, die mich immer wieder an den Speer des Schicksals erinnert, und anderen Ausgrabungen weist Manching einen Jahrhundert-Goldfund aus keltischer Zeit auf: Im Sommer 1999 holten Forscher 483 Goldmünzen aus dem Boden, teilweise mit kreiselnden Sonnenscheiben verziert: einen Viel-Millionenwert – der größte keltische Fund des 20. Jahrhunderts.

Keltische Kultur lässt sich von Ungarn bis nach Westfrankreich und Schottland nachverfolgen. An bedeutenden Kreuzungspunkten wirtschaftlicher, politischer und militärisch bedeutender Verkehrswege siedelten in unserer Heimat seit etwa 450 v. Chr. die Vindeliker. Im zweiten vorchristlichen Jahrhundert wurde dann der be-

rühmte Manchinger Ringwall angelegt, der größte seiner Art in Europa. Viele Bücher und Pro-
spekte geben über Sinn, Konstruktionstechnik,
Größe und Lage Auskunft: So ist der Wall bis zu
vier Meter hoch, umschließt einen Durchmesser
von zweieinviertel Kilometern und umfasst dabei eine Kreisfläche von etwa dreihundertachtzig
Hektar.

Im Museum befinden sich Luftbilder der Anlage, die einen unerklärlichen Doppelbogen erkennen lassen. Dieser Doppelbogen weist auf
eigenartige Technologien damaliger Bauherren
und Architekten hin und ergibt erst dann einen
Sinn, wenn man den kultischen Charakter der
Anlage mit einbezieht, den Manching neben seiner Aufgabe als Wehrburg zweifellos auch ge-
habt hat.

Nach dem Museumsbesuch fahren wir die
wenigen Kilometer aus der Stadt hinaus (Richtung Geisenfeld) und stehen vor dem imposanten Südtor, das derzeit wie eine Filmkulisse optisch gesteigert ist. Dieser nette Effekt ist zwar
durchaus gut gemeint, mir persönlich sind jedoch immer die Originalteile der alten Kultanlage lieber, denn bei diesen lenkt nichts von
der tatsächlich vorhandenen Energie ab.

Die Mauer wurde in der »murus gallicus« genannten, damals neuen, westkeltischen Bautechnik ausgeführt mit Bruchsteinfront und Trockenmauerwerk. Die sichtbare Mauer befand sich dabei vor einem steingefüllten Balkengerüst mit horizontal verlegten und vernagelten Stützrahmen sowie einer rückwärtigen Endrampe.

Die bauliche Anlage wurde im Jahre 1962/63 ausgegraben und als so genanntes Zangentor erkannt. Die Torgasse war und ist siebzehn Meter breit. Man fand heraus, dass ein siebenjähriges Kind geopfert und hier ganz in der Nähe des Einganges eingemauert worden ist. Diese in keltischer Zeit typische Kulthandlung hat energetisch ihre Spuren hinterlassen: Die Negativenergie jener Macht, die aus derart schrecklichen Handlungen folgt, ist ungebrochen spürbar. Darüber hinaus bezeugen Graffiti-Zeichen, die sehr bewusst genau hier angebracht wurden, dass es besser ist, vor dem Eintreten in das imposante Oppidum lieber zu beten: beten zu dem einen Gott, der schöpferisch ist und Opfer verabscheut, egal unter welchem Vorzeichen und unter welcher religiösen Begründung.

Schon bald, wenn wir den Wall bestiegen haben, erreichen uns deutlich spürbare, angenehme, positive Erdströme.

Sind wir also von Südosten her in das Oppidum eingetreten, führt alsbald ein schmaler Pfad, beidseitig dicht bewachsen, nach Osten. Eine Besonderheit ist zu entdecken, nach etwa zweihundert Metern, die wir den Wall entlanggelaufen sind, findet sich links im dichten Gebüsch ein unterirdischer Gang aus tuffsteinartigem, recht altem Beton. Wer hier weilt, ist für andere Besucher unsichtbar. Ausprobieren!

Diese unterirdischen Gänge bergen ein tiefes Geheimnis.

Ansonsten fällt der hohe Pinienwald in diesem weiträumigen Oppidum auf; man fühlt sich hier in ein südliches Urlaubsland versetzt.

Von der gigantischen Sendeanlage des Fluggeländes zur Rechten geht eine wirklich eigenartige Schwingung aus, ein fast unhörbarer Brummton.

Man soll die Grundgedanken, dass groß angelegte keltische Anlagen nicht einfach nur Wehrburgen, Kultstätten oder kathedralenähnliche Ritualdome waren (und sind!), nie aus den Augen verlieren.

Dennoch ist die keltische Monumentalanlage wie der flächendeckende Ringwall von Manching noch mehr: eine Transformationsanlage für Erdkräfte, ein wissend angelegter Kanal für tellurische Energien, eine Kraftmaschine der ganz besonderen Art. Ist es nicht sonderbar, dass heute kein Mensch große Elektrizitätswerke als rätselhafte energetische Kultbauten bezeichnet? Vielleicht in 2000 Jahren? So zumindest verhält es sich auch hier: Manching ist ein Umspannwerk.

Der große Ringwall von Manching bietet also für den Besucher viel Sehenswertes für einen interessanten Ausflug, doch was die Energien betrifft, bleibt alles eher wechselhaft und zwielichtig. Es ist von dort auch nicht weit zum Manchinger Pfahl (Vallatum), einem verrufenen Hexentreffpunkt, wie noch 1629 ein Hexenprozess im nahen Reichertshofen zeigt.

Für mich persönlich ist und bleibt die Speerspitze im Museum der Höhepunkt. In diesem hoch energetisierten Stück Metall wird die gesamte Kraft dieses Oppidums transformiert, umgewandelt in heilende Positiv-Energie.

Gehen Sie hin und verweilen Sie eine Viertelstunde davor. Sie werden danach das Leben dann anders sehen und empfinden.

Ausgangspunkt: Manching, Zentrum, Keltenhaus (Keltisch-Römisches Museum Manching, Ingolstädter Straße 2).

2. Ausgangspunkt: Parkplatz an der Straße nach Geisenfeld. Hier ist das Südtor der keltischen Wallanlage durch eine imposante Filmkulisse nachgestellt. Mehrere Erläuterungstafeln.

Länge: Keltenwall 2,3 Kilometer. Etwa 1 Stunde, bei Verweilen und Erspüren besonderer Stellen mehr. – Im Museum verfliegt die Zeit, so interessant sind Exponate und Hinweistafeln. 1 Stunde mindestens.

Anstieg: Keiner. Wallhöhe höchstens 20 Meter.

Einkehr: Mehrere Gasthäuser in Manching.

Anfahrt: München Autobahn A 9 Richtung Ingolstadt. Etwa 7 Kilometer südöstlich liegt Manching. Museum im Ortszentrum. Zum Oppidum immer Richtung Geisenfeld, ca. 10 Minuten Fahrtzeit.

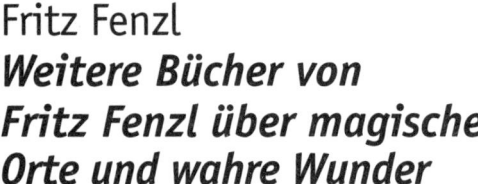

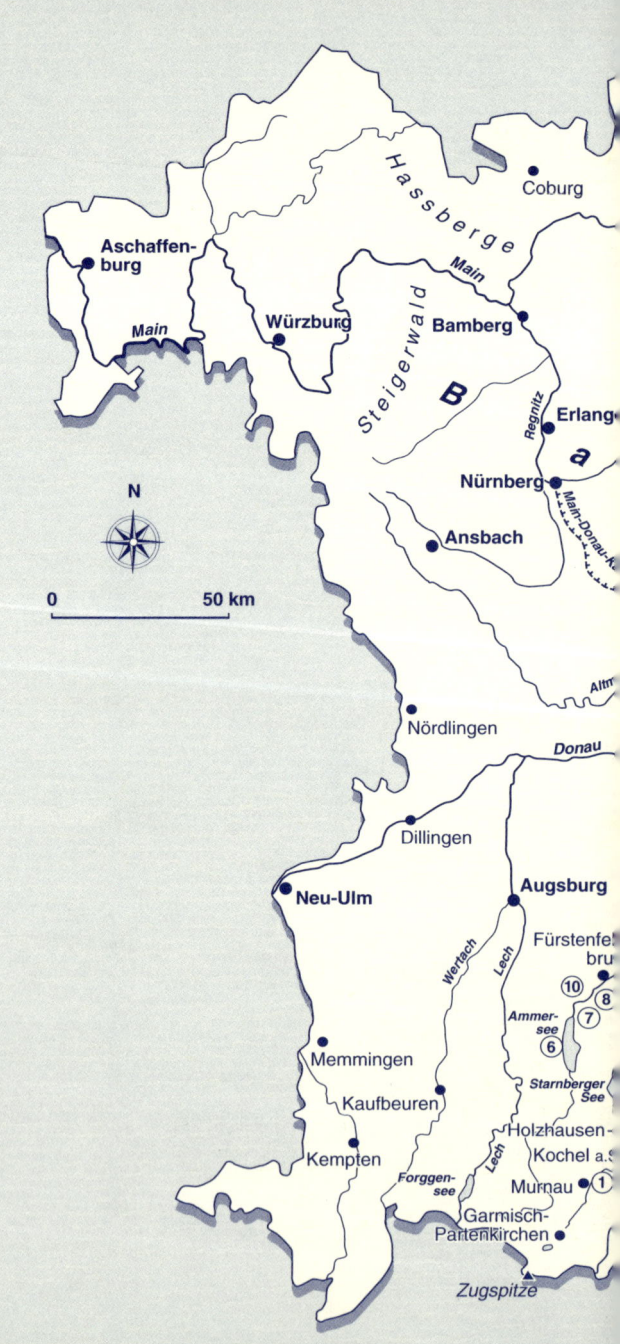